# 本当に役立つ
# 経済学全史

柿埜真吾
Shingo Kakino

ビジネス社

# はじめに――「経済学史」は現実の経済を読み解くのに役に立つ

「経済学全史」と聞くと、「昔の経済学の話なんか学んで、何の役に立つのだろう」と思う方もいらっしゃることでしょう。「なんだか難しそう」と思われる方も多いと思います。

しかし、それは正しくありません。

実は、経済学の歴史を学ぶことは、現実の経済を読み解くうえでも、大いに役に立つものなのです。

日々、経済の諸問題について、いろいろな議論が飛び交っています。その議論のなかには、正直に申しあげて「これは、どうかな？」と思わざるをえないものが混じっているのも事実です。

経済についての議論の多くは、何らかの「前提」を設定して、その前提をベースに論理を組み立てています。とすると、もし前提が間違っていたらすべてが間違いということになってしまうわけですが、議論そのものは「論理的」に組み立てられているので、意外と間違いに気づきづらいのです。

そのため、口がうまい政治家や、詐欺のような金融商品を扱っている人たちが、「皆さん、騙されているのですよ。本当はこうなのですよ」などと煽情的に語るのを聞いて、逆にうっかり自分自身が騙されてしまう……などということも起こりがちです。

そのようなときに、役に立つのが、「経済学史」です。

「経済学史」は、長い年月をかけて、多くの偉大な経済学者が現実の経済に向き合い、探究し、学説を闘わせてきた歴史です。なかには、実際の経済政策に反映された例も数多くあります。そして、その経済政策の現実的な結果を受けて、さらに議論が繰り広げられてきました。

そのようにして営々と行なわれてきた経済学的な議論のなかには、多くの「前提の間違い」もありますし、「情勢判断の見誤り」もあります。そのような誤りは、当時から論争の種となってきましたし、後年になってあらためて検証が行なわれてもいます。

だからこそ、そのような論争や検証の積み重ねとしての「経済学史」を知っていれば、今、眼前で行なわれている経済についての議論の「間違い」にも気づきやすくなるのです。

その観点から、今回の「経済学史講義」では、単にそれぞれの経済学者たちの議論を教科書的・並列的に紹介していくのではなく、後世の批判的検証や、私の立場からの評価も加えて論じていきたいと思います。

もちろん、あくまで私の立ち位置からの評価ですから、それが絶対に正しいものとはいえません。

しかし、あえてそのようにしたほうが、結果として「眼前で行なわれている経済議論」の妥当性を自分自身で検証するのに役立つはずです。また、私とは違う意見をお持ちの方にとっても、それぞれ各々の考え方を検証し、発展させていく材料にしていただきやすいのではないかと思います。

今回の「経済学史」は、インターネットで視聴できる１話10分の教養動画メディア「テンミニッツTV」での講義を元にした「講義録」です。

講義の雰囲気を活かしてまとめる「講義録」ですので、必要な修正は最小限にとどめています。その性質上、どうしても記述に厳密さを欠いたり、説明を十分に尽くせていなかったりする部分があることも事実です。

しかし、その半面、大きな流れを勢いよく摑みとっていただきやすいことも確かでしょう。そのような講義録の特性をご理解いただき、ご活用いただければ幸いです。

講義動画をご覧いただければ、別の角度からご理解を深めていただいたり、より簡便に内容をご理解いただけたりする部分もあるのではないかと思います。

ぜひ、併せてご活用いただければ幸いです。

なお、書籍化にあたっては、岩田規久男学習院大学名誉教授、原田泰名古屋商科大学ビジネススクール教授、若田部昌澄早稲田大学教授、田中秀臣上武大学教授より貴重なアドバイスをいただきました。記して感謝します。もちろん残る誤りは筆者の責任です。

2023年９月18日

柿埜真吾

【テンミニッツTV／柿埜真吾先生の講師ページ】

https://10mtv.jp/pc/content/lecturer_detail.php?lecturer_id=308

CONTENTS

テンミニッツTV講義録①

# 本当に役立つ経済学全史

第３講

## 見えざる手と比較優位の真意

**アダム・スミス「見えざる手」の真実とリカード「比較優位」**



第４講

## 古典派経済学の特徴と時代的背景

**古典派経済学が繁栄をもたらした…柱は自由貿易と貨幣数量説**



第５講

## 古典派を批判した異端者たち

**異端の経済学者…ドイツ歴史学派、社会主義、マルクス主義**

## 第6講

# 労働価値説から限界革命へ

**限界効用理論とは？…「労働価値説」はいかに否定されたか**



## 第7講

# 新古典派経済学とは何か

**新古典派経済学への誤解と実際…特徴と古典派との違いは？**



## 第8講

# 1929年世界大恐慌の真実

**貨幣数量説と大恐慌…大恐慌の本当の原因はFRBのミスだった**

第9講

## ケインズ、計画経済、オーストリア学派

**大恐慌とケインズ…様々な「恐慌克服の処方箋」の真実を探る**



第10講

## 「ケインズ政策」の誤解と真実

**ケインズ革命への誤解…真に独創的なのは、どの部分か？**



第11講

## オーストリア学派の真実

**オーストリア学派…ミーゼス、ハイエク、シュンペーター**

第15講

## 3つのケインジアンとMMTの違い

「ケインジアン」の分岐とMMT？…正統と異端の見分け方



第16講

## 現代の経済学のコンセンサス

結局、主流派と異端派の何が違うか…経済学史の大きな示唆

第1講

# 経済学史の概観

## 経済学史の基礎知識…大きな流れをいかに理解すべきか

現代社会の「経済」を正しく理解するためには、実は、「経済学史」を理解していることが大きな助けとなります。逆に、「経済学史」を知らなければ、怪しげな経済理論に騙されてしまうことにもなりかねません。資本主義の誕生から現代までの「経済学史」のポイントを一気呵成に総覧・解説する本書の第1講では、後に続く講義の「ポイント」として、大きな歴史のなかでの「経済の流れ」を概観します。

## 資本主義はそれまでの経済とどう違うか

さて、「経済学史講義」の第１講では、まず、全体を俯瞰（ふかん）しての概略（あらまし）をお話ししたいと思います。

最初に考えたいのは、「資本主義は、それまでの経済とどう違うのか」ということです。

一般的に、「資本主義」の始まりは18世紀だといわれます。しかし、資本主義という言葉は、実は、なかなか難しいものです。

資本主義以前の経済は、ある意味で、自給自足的な経済体制でした。その自給自足的な経済の上に、商業などが少し乗っかっている。そのような商業はたいてい、政府のつくった特権的な企業や、特権的な同業組合（ギルドなど）が独占していました。

そこに、新しい企業が出てきて、消費者に対して自分の商品を売り、他の企業と「自由に競争する」ようになります。これが基本的に「資本主義」です。

「市場」というものがあり、その市場で企業が消費者を獲得することを目指して、消費者に気に入ってもらうような商品を売る。そういった経済は「市場経済」といいます。つまり、資本主義は基本的には市場経済ということになります。

そのように説明すると、「大昔から、あちらこちらの町に市場（いちば）があったのではないか。そのような市場と、市場経済でいう市場とは、何が違うのか」という疑問が出てくるかもしれません。

先ほども言及したように、どこから資本主義が始まったかは、いろいろな説もあって、非常に難しい問題です。昔から、中東のスーク（市場）のようなものがあったり、日本でも市（いち）が立ったりしていたわけですが、それと今の市場では、基本的なメカニズムは一緒です。

ただ昔の市場は、非常に規制された市場でした。政府が特権を与えた企業や同業組合が支配していたり、あるいは本当にローカルなレベルの市場しかなかったりという姿だったのです。そのため、経済全体を動かすまでのものではありませんでした。

しかし18世紀になると、新しい企業が出てきて、しかも労働者や工場設備を使って、大規模な市場経済活動を行なうようになります。それまでのように特権的だったり、政府の支援を受けていたりするのではない企業が出てきたわけです。

つまり、「規模の違い」と、きちんとしたルールの下で企業が「自由競争」をするようになったこと。そこが大きな違いです。

## 必ずしも「古典派経済学は古い」わけではない？

そのような18世紀に登場してきた経済学が、一般に「古典派経済学」と呼ばれます。「経済学の父」といわれるアダム・スミスが古典派経済学の創始者です。

アダム・スミスといえば、「神の見えざる手」という言葉を思い起こす方も多いのではないでしょうか。

しかし、実はアダム・スミスは「神の見えざる手」とはいっていません。「見えざる手」とはいっています。しかし、「神の」とはいっていないのです。

アダム・スミス
（1723年～1790年）

この違いは重要です。その点については、本書の第３講で詳しく見ていきたいと思いますので、ぜひご一読ください。

さて、「古典派経済学」とは、ひと言でいうと、どのような経済学だったのでしょうか。

古典派経済学以前の考え方の基調は、「政府が規制しなければ私利私欲がはびこってけしからん。政府が規制して、きちんとした社会をつくらなければいけない」というものでした。これは、産業革命以前の社会と対応しています。

一方、古典派経済学は、基本的には「皆の自由に任せて市場で競争することによって、社会全体が豊かになっていく」という考え方でした。

そして実際に18世紀以降、社会はこれまででは考えられなかったほどに大きく発展し、繁栄していくことになります。

ジョン・メイナード・ケインズ
（1883年～1946年）

ところが、1929年に大恐慌が起きて、古典派経済学の考え方には限界があるのではないかといわれるようになった。そして、ケインズ経済学や、マルクス経済学などが注目されるようになった……というのが教科書的な説明です。

そのように理解している方も多いことと思いますが、本当に、古典派経済学の考え方は限界だったのでしょうか？

カール・マルクス
（1818年～1883年）

実は後年、1929年の大恐慌についての経済学的な検証と研究が進められるなかで明らかになってきたのは、「古典派経済学が間違っていたわけではなかった」ということです。

むしろ、当時の経済政策が間違っていたのに、その間違いに皆が気づかなかった。そのことによって、「市場経済が間違っている」という誤解が広まってしまった。そのように考えるほうが妥当なのです。

もちろん、たとえばケインズの主張にも一理あって、彼の言い分にも大事な点はあります。ですが、だからといって古典派経済学が間違いだったわけではありません。

一般的には「古典派経済学はもう古い」といったイメージもありますが、実際には必ずしもそうではないのです。

## 「何でも自由放任すればいい」は古典派的な発想ではない

たとえば、古典派経済学といえば、「何でも自由放任すればいい」と考えているようなイメージが持たれがちです。しかし実は、それは古典派経済学的な発想ではありません。

古典派経済学の発想は、「市場で企業が競争して、消費者を求めて一生懸命に新しい製品をつくる。そういった社会、そういった仕組みをつくったうえで、皆に自由にさせればうまくいく」というものなのです。

「何でも自由放任すればうまくいく」という発想と、「きちんとした競争が成り立つ市場の仕組みをつくったうえで、自由にさせればうまくいく」という発想とでは、大きな違いがあります。

実際に、自由市場が機能しないことが、ときどきあります。たとえば、環境問題などがそうです。

そういった問題があるところでは、政府がきちんとした仕組みをつくってあげることが重要になります。

そのきちんとした仕組みの1つが「物価の安定」です。「物価が安定しなければ、経済はおかしくなる」ということが、古典派経済学の重要な発想の1つです。

しかし、その「物価の安定が重要」ということが、ある意味で無視されてしまったのが、1929年の大恐慌の大きな背景になっています。米国の住宅バブル崩壊をきっかけに世界同時不況が起きた2008年のリーマン・ショックも、政府の間違った介入がもたらした側面が大きいのです。米国政府は市場の失敗を是正するどころか、持ち家優遇政策のために住宅バブルを煽り、火に油を注いでいました。

## 学説の失敗か、政策の失敗か——賢人政治と経済学

「経済学説が間違っていたから経済政策が失敗したのか、経済政策が失敗しただけで経済学説は間違っていないのか」については、微妙なところがあります。

たとえば、「政治家やエリートは天才で、何でもわかっている」というような賢人政治を前提にしている経済学があります。マルクス経済学の計画経済の発想がそうですし、ケインズ経済学者のなかでも極端な人たちはそういった発想をしています。最近のMMT（現代貨幣理論）などもそういう面があります。

しかし、この場合に忘れてはいけないことがあります。実際には、すべての為政者が賢いわけではないということです（また、ある立場から見た善や正義は、別の立場から見れば抑圧的体制でありうることも忘れてはなりません）。

すべての為政者が賢いわけではない以上、「本当に賢い政治家がやれば、失敗することはない」とどれほどいってみたところで、そうした学説を現実に運用してうまくいく保証はどこにもないということです。

だから、「賢人政治を前提にしている経済学」に立脚した政策で失敗してしまったケースは、「そもそも、誤った前提に立脚した経済学説そのものの間違いだ」と考えることもできます。

一方、もちろん「経済政策は間違っていたけれども、正しいことを主張している人はいた」という状況はあります。

■**経済学史の基礎知識…大きな流れをいかに理解すべきか**

10Ⓜ TV テンミニッツTV Liberal Arts & Sciences

◆**経済状況と経済学説の「循環」**

産業革命・資本主義（18C）
→古典派経済学（18C後半～19C）：**小さな政府**

→大恐慌（1929年）→ケインズ政策、ソ連計画経済：**大きな政府**

→スタグフレーション（1970～80年代）
→フリードマン・シカゴ学派：**小さな政府**

→リーマン・ショック（2008年）　コロナ禍（2019年～）
→財政政策の再評価：**大きな政府へ？？？**

すでに述べたように、1929年の大恐慌の折や、2008年のリーマン・ショックなどは、そういう状況でしょう。これらの折に、「古典派経済学の主張が否定された」というのは違うだろうというのが、私の考えです（古典派をどう捉えるかという範囲が微妙なところではあるのですが）。

つまり、正しいことを主張していた人たちはいたけれど、それを政治家や一般の人たちが必ずしも理解しなかった結果、経済政策が間違った方向に行ってしまった。あるいは当時、たまたまそこにいた政治家の個性などが影響してしまった。こういったことは、やはり現実には起こりうるのです。

「危機や失敗が起きてしまったから、その経済学説は失敗だった」と短絡的に考えられるわけではないことは、まず第１講で述べておきたいと思います。

そのようなことも、実際の経済の歴史と経済学説の歩みを比べていくことで検証もできます。検証することで、実際に何が正しくて、どう見るべきかということもわかってきます。

## 「大きな政府」と「小さな政府」で行き来している

さて、多くの方が「小さな政府」「大きな政府」という言葉をお聞きになったことがあると思います。

この「小さな政府」と「大きな政府」についての多くの方々の理解は、次のようなものではないでしょうか。

「市場経済を大事にしようと主張する古典派経済学の時代には、『なるべく政府が規制をしないほうがいい』という『小さな政府』のあり方で進んできた。ところが1929年の大恐慌をきっかけに、『それは限界があるのではないか。やはり政府が介入すべきだ』という意見が強まり、『大きな政府』になっていった」

実は、この理解も、厳密には正しいとはいえません。実際には、19世紀の終わりから、だんだんと大きな政府への流れがありました。19世紀後半は景気が悪かったこともあって、そういった流れがあったのです。そのうえで、1929年の大恐慌が起きたことによって、決定的に大きな政府の方向に向かったのです。

では、そこで大きな政府になって、万事うまくいったのか。

そう単純なものではありませんでした。だんだんと政府が大きくなりすぎることの弊害が出てきたのです。「スタグフレーション」が1970年代に起こります。要するに、ものすごい物価上昇と、景気の悪い状態が並存する状態が発生したのです。

ミルトン・フリードマン
(1912年～2006年)

そのため、「大きな政府もあまり良くないのではないか」という意見が強まり、「小さな政府」のメリットを主張するミルトン・フリードマンなどの考え方

10ⓜTV
テンミニッツTV
Liberal Arts & Sciences

■経済学史の基礎知識…大きな流れをいかに理解すべきか

◆「恐慌」などの経済的ショックをどう考えるか。

実は、たいていのことは古典派的な理解で説明できる。

◆経済政策の失敗と経済学説

経済学説が「間違っていた」から、経済政策の失敗が起こったのか？
それとも「経済政策のやり方が失敗」だっただけで、
経済学説は間違っていなかったのか？

が採用されるようになっていきます。

1979年にイギリスの首相になったマーガレット・サッチャーや1981年にアメリカの大統領になったロナルド・レーガンが進めたような政策が、象徴的に「大きな政府から小さな政府へ」と称されます。1980年代以降、そのような考え方が強くなり、世界各国で「小さな政府」を標榜（ひょうぼう）する流れが続いていくようになります。

ところが、2008年にリーマン・ショックが起こり、2020年以降に新型コロナウイルスの危機が世界に広がって以降、それらに対応するために、今度は、政府が非常に「大きく」なっていきます。

思想の流行りといってしまうといけませんが、「小さな政府」と「大きな政府」で行ったり来たりしています。

現実の政治のあり方がそのようになっているからこそ、「小さな政府」と「大きな政府」の各々の経済学的な主張がどういうものかを見ておくことで、本当に大切なものが何か、現状をどう分析すべきか、ということも見えてくるのです。

第２講からの深掘り講義では、今、述べてきたような視点や問題意識も持ちつつ、話を進めていきたいと思います。

## コラム　ミクロ経済学とマクロ経済学

経済学には大きく分けて２つの部門があります。ミクロ経済学とマクロ経済学です。

ミクロ経済学は、家計や企業など個々の経済主体の意思決定に注目して経済を分析する学問です。

マクロ経済学は、景気変動や経済成長等、経済全体の集計量の分析で一国経済を扱います。

集計量というのはマクロ経済変数という言い方もしますが、経済全体の消費とか生産とかそういうものです。たとえば、個々のリンゴとかミカンとかの消費ではなく、一人ひとりの財・サービスの消費を合計した日本経済全体の消費を見るわけです。

マクロ経済学という言葉は、ケインズ革命以降、使われるようになったものですが（1930年代末～40年代にフリッシュやクラインがマクロという表現を使ったのが初期の例です）、古典派にマクロ経済学的発想がなかったわけではありません。

たとえば、古典派は個々の財・サービスの他の商品と比較した価格（相対価格）の決定理論（ミクロ経済学）と、経済全体の物価（貨幣で測った財・サービス全般の価値、生計費）の決定理論（マクロ経済学）を明確に区別していました。

この相対価格と物価の区別は非常に重要です。今でも個別商品の価格の変化の足し算で物価を説明する人が少なくありませんが、これは古典派以前の思考法です。

たとえば穀物が値上がりしたからといって物価が上昇するとはかぎりません。穀物が相対的に高くなれば、他の事情が変わらないかぎり、人々が穀物以外の財・サービスを購入するのに使える予算は少なくなり、需要が減少するはずです。短期はともかく、長い目で見れば、穀物以外の財・サービス価格は下落し、全体の生計費（物価）は変化しないでしょう。全体の物価が変化するとすれば、それは個別の財・サービス価格の変化以外の要因が変化するからです。

古典派は、物価の変化をもたらすのは経済全体の貨幣量の変化だと考えました。そもそも物価とは、お金で測った財・サービスの価値ですから、お金の量の変化が何らかの影響を及ぼしているはずだと考えたのです。

実際、金鉱の発見や財政難の政府による貨幣の大量発行がインフレをもたらした歴史から、古来より貨幣と物価の密接な関係はよく知られています。現代でも貨幣の変化は物価変動をもたらす最も有力な要因です。

第２講

# 重商主義と重農主義の真実

## 重商主義と重農主義…古典派経済学の前段階の主張とは？

「重商主義」と「重農主義」という考え方が16世紀から18世紀にかけてヨーロッパで登場しました。重商主義は、それ以前にはなかった「経済に法則がある」という発想から出てきたものですが、やがてその問題点に気づいたケネーが「経済は自由放任がいい」という重農主義を提唱します。それぞれ、どのような背景から登場し、具体的にどのような学説を唱えたのか。また、どのような点で限界があったのか。第２講では、古典派経済学の前段階となるこれら２つの考え方を解説します。

## 重商主義の始まり――「経済には法則がある」という気づき

第２講では、古典派経済学の前に、どのような主張がなされていたかについて、「重商主義」と「重農主義」を見ていきたいと思います。

「重商主義」と「重農主義」という言葉を教科書で読んだ記憶のある方も多いのではないでしょうか。「重商主義」は16世紀から18世紀頃にかけて、「重農主義」が18世紀頃のものとなります。

もっとも、現在「重商主義者」と位置づけられる人々が、自ら「重商主義」だと名乗っていたわけではありません。アダム・スミスの後の人たちが「少し間違っているよね」ということでつけたレッテルのような名称です。ですから、「重商主義」と呼ぶのは少し気の毒なところもあるのですが、便宜上、その名称で紹介していくことにしましょう。

プラトン
（前427年～前347年）

経済学が登場する前の時代、たとえばプラトンやアリストテレスも経済の話はしていました。しかし、何を議論していたかといえば、「何が正しいことで、その正しいことを皆に行なってもらうようにするにはどうしたらいいか」ということでした。「経済に法則がある」という発想は、実はなかったのです。

アリストテレス
（前384年～前322年）

それに対して、「経済とは、もしかしたら正義や政治といったものとは別の学

10Ⓜ️TV
テンミニッツTV
Liberal Arts & Science

**■重商主義と重農主義**

**◆重商主義〔トマス・マン（英）、コルベール（仏）ら〕**

輸出産業を保護育成し、貿易差額で国富を増大させる。貨幣=富。
ゼロサム的発想：世界の貿易の大きさはだいたい決まっていて、
ある国が大きくなったら、別の国は小さくなる。
＊重商主義は後世つけられた名前。あまり統一的考え方はない。

**◆重農主義〔ケネー（仏）〕**

豊かさは貨幣ではなく、自然と生産的労働の産物。
経済には法則があり、政府は市場の自由に任せるほうがよい。
農業だけが生産的と主張。農業保護ではなく自由放任主義。

問なのではないか」ということを考えはじめたのが、重商主義です。

その点では彼らは偉かったのですが、ところがある意味では、変な考え方になってしまいました。

たとえば、重商主義者たちは、「どこかの国が繁栄していたら、他の国はその犠牲になっている」というような発想をしました。

重商主義とは基本的に、「貿易黒字をため込んで、貨幣がどんどん入ってくる。そうすると国は豊かになる。なぜかというと、お金とは富だから」という発想です。要するに、「何らかの生産活動があり、それが経済活性化の源泉だ」という発想はあまりありませんでした。特に初期の重商主義者はそうです。

完全なゼロサムの発想をしている人が多かったともいえるでしょう。つまり、「自分の国が豊かになるには、他の国から貿易でどんどん仕事を取らなければいけない。自分の国が貿易で繁栄するということは、他の国は貿易で貧乏になるということだ」と考えるのです。

つまり、「イギリスがどんどん儲けたら、他の国はどんどん貧乏になるばかり」というような発想です。

この発想は、現在でも意外と根強くあります。経済評論家などの主張のなかにも、このような「重商主義的な発想」で議論をしているケースがあります。

## 重商主義の終わり——皆が気づきはじめた２つの「おかしい」

しかし、「どうも、これはおかしいのではないか」ということが重商主義の終わり頃から、だんだんと皆が気づきはじめるわけです。

なぜ、おかしいと気づきはじめたのでしょうか。

第１に、貿易を戦争のようにとらえる考え方に疑問が生まれたことです。

そもそも貿易をする理由は、相手の国と自分の国が取引して、それで「自分が得をする」ためです。

貿易にかぎらず、取引とは基本的にそのような活動です。自分が買い物に行って、「この商品、いいな」と思って買ったら、自分が得している。つまり、自分にとって必要で、その商品を使うことで利便などのメリットを得ることができるから買っているのです。

一方、売っている側も当然、それを売ることによって得しているわけです。

だから、こういった活動は「双方が得をする活動なのではないか」ということを、だんだんと皆がわかってきたというのが１つです。

もう１つは、重商主義者のアドバイスに従って、貿易黒字で自国の貨幣の量をどんどん増やした結果、思いがけないことが起こったからです。

当時は金(きん)が貨幣だったので、「次々に外国から金を持ってきて貯め込めば、国は豊かになる」と思われていました。しかし、実際にそうしてみたら、物価が上がってしまったのです。

これは後で説明しますが、要するに「貨幣の量と物価は関係がある」という現象に気づいたわけです（これも「古典派の発想」の重要な点です）。つまり、貨幣をたくさん貯め込んでも、生産能力がなかったら国は豊かにならないのではないかということに気づいたのです。

## 経済は「自由放任（レッセフェール）が良い」

そこで出てきたのが「重農主義」の考え方でした。

18世紀に、フランスで重農主義（physiocracy）が提唱されます。重農主義とは翻訳で、もともとは「自然の支配、自然の法則の研究」のような意味です。

ジャン＝バティスト・コルベール
（1619年〜1683年）

フランソワ・ケネー
（1694年〜1774年）

この考え方は、ケネーというフランスの経済学者が主な提唱者ですが、フランスでこの考え方が登場したことには理由があります。フランスは、実は重商主義の一番ひどいものがそれまでずっと実行された国だったのです。

コルベールがフランスの重商主義の指導者で、政治家でもあった人なのですが、彼は「オランダやイギリスが貿易で繁栄したらフランスは貧乏になる。貿易の大きさは決まっていて、フランスが大きくなったら他の国は小さくなる。だから他の国を小さくすればいい」という発想をしていました。
「経済も徹底的に規制をすればいい」「産業を発展させるために国営企業にどんどん特権を与えればいい」という発想で政策を行なっていたわけです。
これで実際にフランスは豊かになったかというと、そうではありませんでした。むしろ、ますますイギリスやオランダに比べて遅れていることに気づいた人たちが重農主義者だったのです。
ケネーたちは、政府がそのような政策で、経済の自然な運行を歪めるのはおかしいのではないかと考えました。そして、「もともと経済にはきちんとした法則があって、その法則に従って経済が回ったほうがいいのではないか」と主張したのです。
ケネーは『経済表』という本で、経済がどのように循環しているかという仕組みについて書きました。非常に抽象的で、今から見るとやや奇妙な本ですが、「政府が勝手に経済の運行を歪めるのは、逆に国を貧乏にするのだ」と主張したのです（ケネーの『経済表』は、20世紀の経済学者レオンチェフが開発した産業連関分析〈経済の各部門のつながりを示した経済モデル〉の先駆けともいえます）。
「自然に任せるほうがいいのだ」という「自由放任（フランス語でレッセフェール＝laissez-faire）」という言葉も、重農主義の関係で出てきた言葉です。

## 重農主義は農業保護主義ではなく、自由放任主義

ある意味では、「重農主義」は、重商主義と古典派経済学のあいだをつなぐような位置づけともいえます。
ただし、重農主義のややダメなところは、あまりにも当時のフランスが農業を軽視していたことを批判するあまり、「農業だけが生産的である」という、今から見るとまったく意味のわからない主張

をしていた点です。

しかし、彼らが主張したのは、「農業はとても大事だから、農業に政府が滅茶苦茶に介入するのはダメだ」ということでした。

「重農主義」というと農業保護主義のように聞こえますが、そうではありません。自由放任主義で、自由貿易がいいということを主張したグループなのです。

つまり、零細な農家を貴族が支配している封建的な荘園のようなものではなく、もっと近代的で合理的で大規模な農業経営をやりましょうという考え方なのです。

やや皮肉な言い方ではありますが、現代でも日本で「農業がとても重要だ」という方は多くいます。けれども、彼らは「政府が農業を保護して補助金をたくさん出せばいい」などと主張したりします。

そのような主張に対して、はっきりいうと私は「農業に自信がないのではないですか」「あなた方は、本当は農業を信じていないのでしょう」と思ってしまいます。

民間が頑張って、民間活力でできることを信じていたケネーたちのほうが、はるかに「もっともなこと」をいっていると、私は思います。

### コラム 「自由放任」の由来

レッセフェールという言葉は、もともとはフランス語の「放っておいてください」という意味です。この言葉は重農主義者が標語として普及させて有名になりましたが、伝説では、ルイ14世の時代のフランスで活躍したルジャンドルという商人が使ったのが最初とされています（もっとも、この逸話を最初に伝えているのはルイ15世時代の文献ですから真偽不明で、話半分に受け取るほうが賢明でしょう）。

財務総監のコルベールから「何かしてほしいことはないか」と尋ねられた際、ルジャンドルは「私たちを放っておいてください（Laissez nous faire！）」と答えたのだそうです。

コルベールは重商主義を推進し、補助金と規制をフランス中に張りめぐらした人物です。そういう人物に「補助金をください」でも「参入規制をつくってください」でもなく、「放っておいてください！」といったのですから、ルジャンドルは誇り高い自由人だったのでしょう。

一般に「市場の失敗」などが生じるケースもありますから、自由放任政策は必ずしも正しい政策ではないですが、政府から規制や補助金をもらおうと考える代わりに、誰もがこんな精神で行動してくれたらと思わずにはいられません。

重農主義者が抽象的哲学から自由放任を絶対視したのに対し、第３講で見るように、古典派はもっと実際的で、自由放任が機能しないケースにも注意を払いましたが、自由放任の原則から離れる場合は慎重な検討が必要だと考えた点では変わりありません。

第3講

# 見えざる手と比較優位の真意

## アダム・スミス「見えざる手」の真実とリカード「比較優位」

古典派経済学のなかで、最も重要な人物がアダム・スミスです。『国富論』を著した彼には「見えざる手」という有名な言葉がありますが、実は必ずしも自由放任を説いたわけではありません。ではスミスの本当の主張はどういったものだったのでしょうか。また、スミスの理論を洗練させたリカードの「比較優位」についても解説します。

## アダム・スミスによるイギリス重商主義に対する痛烈な批判

第3講は、いよいよ古典派経済学についてです。アダム・スミス、あるいはデヴィッド・リカードが、それぞれどのようなことを主張したのかを見ていくことにしましょう。

古典派の最初の人物は、アダム・スミスです。その考え方を発展させたのが、その後のリカードや、ジョン・スチュアート・ミルなどです。

スミスは『国富論』という、1776年に出版された本で非常に有名な人です。彼は、「重商主義の考え方はおかしい」ということを、この本のなかで指摘しました。

アダム・スミス
(1723年〜1790年)

彼がいったことは非常に簡単で、第2講で先取りしてしまいましたが、

「市場で皆が自発的な交換をすることは、お互いにメリットがなかったら行なわない」

「お互いにメリットがあるからこそ交換をする」

ということです。

つまり、「交換は皆に利益をもたらす活動だ」とスミスは指摘したのです。

デヴィッド・リカード
(1772年〜1823年)

一国内で交換して、皆で分業して仕事をすることは、その国を豊かにする活動です。得意な商品を得意な人がつくって、その人から買ったほうが、自分でつくるよりもいいに決まっている。農業が

■**古典派経済学（1）**

10ⓂTV テンミニッツTV Liberal Arts & Sciences

〔アダム・スミス（英）、リカード（英）、J・S・ミル（英）〕

**アダム・スミス『国富論』（1776年：アメリカ独立宣言の年）**

**経済はプラスゲーム**：市場の自発的な交換は社会を豊かにする。
個々人の取引が利益をもたらすのと同様、
国同士の貿易もゼロサムゲームではない（**自由貿易**）。

**見えざる手**：市場経済では、利益を得るには取引相手の欲しいものを
作る必要がある。人々の動機が自分の利益追求だとしても、
市場メカニズムにより全体の利益が実現。

苦手な人が農業を自分でするよりも、農家から買ったほうがいい。自分が得意なことをやればいい。それで社会が豊かになるのならば、国同士でも同じことが成り立つのではないか。

ジョン・スチュアート・ミル
（1806年〜1873年）

これは当たり前のことだということで、彼は、重商主義者が当然だと思っていた保護貿易ではなく、「自由に貿易するほうがむしろ社会が豊かになる」と主張しました。

「自発的な交換のメカニズム」ということでは、国内の取引の場合も、海外の取引の場合も、まったく一緒だということが、まずスミスの指摘した重要な点です。これは当時のイギリスの重商主義に対する決定的な批判だったのです。

当時は、保護貿易が普通でした。そして、「植民地をどんどんつくって、そこを支配して、植民地からいろいろな産物を取り入れる。そうして植民地帝国のなかで自給自足することが素晴らしいのだ」という考え方をしていました。一種の「富の収奪」です。

スミスは、「そんなことはしなくていい。植民地などいらない」といったわけです。

これは当時、非常に革命的な考え方でした。なぜかというと、『国富論』が出版された1776年という年は、偶然ではありますが、アメリカが独立宣言を出した年なのです。

要するに、「アメリカに植民地など持っていても、イギリスは何も得をしない。自由に貿易して、他の国を支配することはやめましょう」とスミスは主張したのです。

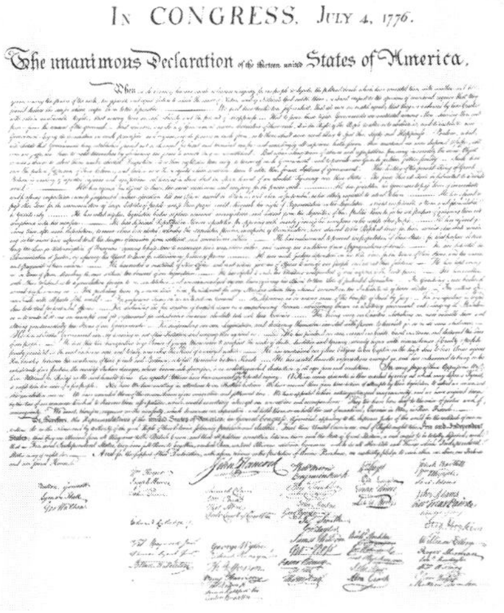

IN CONGRESS, JULY 4, 1776.

The unanimous Declaration of the thirteen united States of America,

アメリカ独立宣言（1776年）

## 「見えざる手」が説く価格メカニズムと市場経済

スミスが、「自発的交換が利益をもたらす」ということで用いた表現が、「見えざる手」でした。

この言葉は、第１講でも紹介しました。要するに、「市場が利益をもたらすメカニズム」を表現するのに「見えざる手」という言葉を使ったのです。

市場で需要があるものとは、要するに「皆が欲しいと思っているもの」です。利益を求めている企業は、「皆が欲しいと思うものをつくったら儲かる」わけです。

だから実際は、個々の企業が必ずしも「消費者のために全力を尽くそう」とか、「社会のためにいいことをしよう」と思っているわけではありません。もちろん、そのような高尚なことを口にする人はいますが、基本的には自分の利益を考えています。

しかし、自分の利益を考えているからといって、悪いわけではありません。「これは需要がありそうだ」「これは皆が買ってくれそうだ」と思うものをつくることは、結果的に「社会全体の利益」になるからです。

つまり、「見えざる手」という言葉でスミスがいっているのは、「価格メカニズム」のことなのです。

その価格メカニズムに基づいて、企業は「こういうものをつくったら利益がある」と判断します。

もし、商品の値段が高かったら消費者はそれを節約しようとする。一方、企業は商品の値段が高くて非常に儲かりそうだったら、そこに参入しようとします。

つまり、社会全体で不足しているものは値段が高くなるので、皆、節約しようとする。その一方で、企業はそれをつくると儲かるので、一生懸命に生産しようとします。

一方、社会全体でたくさんありすぎるものは、当然、値段が下がってしまうので、企業がつくる量を減らす。

そういった形で、社会全体の必要なものが自然に供給されるようになっている。これが、「見えざる手」という言葉でスミスがいっていることなのです。

よく「市場経済が道徳的かどうか」ということを問題にする方がいます。これは、実はある意味で重商主義以前の発想です。

「その人の動機が良いかどうか」ということも、もちろん大事なことではあります。ですが、「清く正しい動機を持つ人たちだけが正しい」とすると、これはむしろ危ない発想になりかねません。誰かを「お前の考えていることは悪い」などと批判して粛清するといった発想につながりかねないからです。

スミスはそうではなく、「市場というメカニズムがあることによって、いろいろな人がいろいろな動機で行動していても、結果的に社会全体のためになるように市場経済はできている」と指摘したのです。

## アダム・スミスは自由放任を説いたわけではない

その一方で、第1講でも紹介したように、アダム・スミスは「見えざる手」という言葉は使いましたが、「神の見えざる手」というように「神の」とはつけませんでした。一部の極端な人が使ったりしましたが、スミス自身は使っていません。

スミスは、「自由放任で何でもうまくいく」というような幻想を、まったく持っていない人でした。

たとえば、「過度な分業は、人間の精神にむしろ悪い影響があるかもしれない」と主張しています。だから、教育などに対してはもっと配慮が必要だということです。

あるいは、「司法、公共事業、軍事、警察などといった『国でないとできないこと』は、国がやらないとダメだ」ともいっています。

つまりスミスは、「社会がきちんと機能するためには、自由放任ではなくて、いろいろな人がいるけれども皆が自由に活動してもうまくいくような、きちんとした枠組みを政府がつくらなければいけない」という発想をしていたのです。

よく、「スミスは自由放任だ」といった言いがかりをつける方がいますが、これはまったく事実ではありません。

スミスは歴史にも非常に関心がある人で、実は『国富論』はほぼ半分が歴史の本です。「歴史的に自由な社会のほうがうまくいっている。だんだん社会は自由になってきたのだ」ということを、スミスはきちんと解明しています。スミスが過度な政府介入に批判的だ

**■古典派経済学（2）**

〔アダム・スミス（英）、リカード（英）、Ｊ・Ｓ・ミル（英）〕

＊スミスは自由放任を説いたわけではない。市場でできない軍事警察や公共事業には政府が関与する必要。スミスは「市場の失敗」にも気がついていたが、政府の失敗にも鋭い洞察。歴史への深い関心と理解。

**古典派経済学と自由主義革命**：古典派経済学には、ロック（英）の自然法思想や、ベンサム（英）の功利主義と共通性。

ったのは市場万能論者だったからではなく、腐敗した政治家や官僚よりも人々の競争を信頼するという健全な常識からでした。

スミスの発想は、きわめて現実的で、理にかなったものだったのです。

先ほどもいいましたが、1776年は、アメリカ独立宣言の年であり、自由主義経済学・古典派経済学の誕生の年でもあります。両者は「政府が好き勝手やって、何でもうまくいくなど考えるのは間違っている」という発想をしている点で、共通性があります。

ですから、古典派経済学的な発想は、たとえば17世紀の哲学者ジョン・ロックが考えた自由主義的な考え方と、非常に相性がいいのです。ジョン・ロックのような思想は「啓蒙思想」とも呼ばれますが、つまり、「個人の権利を尊重して、政府は法の支配に基づいて政治をしなければいけない」という主張でした。

ジョン・ロック
（1632年～1704年）

スミスより後になりますが、ベンサムによる功利主義の発想が出てきます。

「最大多数の最大幸福（社会全体の幸福のために政治を行なうのがいい）」という考え方です。

ジェレミ・ベンサム
（1748年〜1832年）

こういう考え方とも、古典派経済学的な発想は相性がいいのですが、それは事実に基づいた、しっかりと根拠がある考え方だからです。

18世紀は、まだ専制的な国家が多かった時代です。古典派経済学は、そのような国家に対する自由主義革命を一面で支える理論になっていくわけです。

要するに、「政府が何でもできるわけではない。道徳的に正しいからといって、それを国民に強制する発想はおかしい。そもそも本当に道徳的に正しいかのかどうかもよくわからない。しかも、国家がそうしても、うまくいかない」ということを理論的に明らかにしたのです。

## リカードの「比較優位」を「シャーロック・ホームズ」で考えてみる

このスミスの理論を洗練させたのが、リカードです。

スミスは、「自由な貿易がいい」と書きました。しかし、個々の細かい理論に関しては、必ずしもすべてが洗練されていたわけではありません。今から読むと、労働価値説（これについては後の講義で説明します）などいろいろと不備がありました。

貿易理論についてスミスがやや曖昧にしていたところを、きちんとした理論にしたのがリカードです。

たとえば、スミスは「皆が、それぞれ得意なものをつくって、お互いに取引するのがいい」と主張して、自由貿易を支持しました。

■古典派経済学と「比較優位」（1）

10Ⓜ TV テンミニッツTV Liberal Arts & Sciences

スミスの理論をリカードが洗練させ、J・S・ミルが完成させる。

**リカードの比較優位の原理**

貿易は「絶対優位」（生産性の高さ）ではなく、
「比較優位」（相対的な得意分野）に基づいている。

→シャーロック・ホームズは何でも天才的な才能がある探偵。
ホームズの相棒ワトソン博士は平凡な能力の作家だが…
ホームズはどんな仕事をやらせてもワトソンより上手。

ワトソンは失業？　ホームズはワトソンといても得をしない？
→そんなことはない。

しかし、「すべてが得意な人がいたら、どうする」という問題には答えていませんでした。

世の中には実際に、国でも人でも、そういう例があります。つまり、「この人は何でもできる」、あるいは「この国は何でも上手につくることができる」というような例です。

そういった国と競争したら、その国よりもすべての面で劣っている国は負けてしまうのではないか。逆に、すべての面で強い国からしたら、その国より劣っている国と貿易するメリットや、協力するメリットなどないのではないか。そう思ってしまう人が、今でも数多くいます。

そのような考え方はおかしい、と指摘したのがリカードです。

リカードが指摘したのは「比較優位」です。つまり、貿易は「絶対的な生産性や、絶対的な能力」ではなく、「相対的に何が得意かという『比較優位』」に基づいて行なわれるのだと主張したわけです。

こういっても、なかなかわかりづらいと思うので、例で考えてみましょう。

『シャーロック・ホームズ』という探偵小説は、皆さんご存じでしょう。シャーロック・ホームズは、探偵もできるけれども、医学の知識も抜群で、文章を書くのもうまくて、バイオリンだって一流の演奏ができる。超天才で、何でも得意です。

この人の相棒は、ワトソンです。ワトソンはいつもとんちんかんな推理をして、ホームズからたしなめられてばかりいる人ですが、ホームズの伝記（事件簿）を書いている。その事件簿を出版して、あとはお医者さんの仕事をして暮らしています。

つまり、ワトソンは何をやらせてもホームズより下手です。ホームズにとって、ワトソンと一緒にいる意味などあるのだろうかと普通は思ってしまいます。

むしろ、全部、ホームズが自分でやったほうがいいのではないか。探偵も自分でやればいいし、事件簿もホームズが書いて出版したほうが面白いのではないか……。

しかし、ホームズはワトソンと協力していて、「ワトソン君は不可欠だ」といつもいっています。

ある意味で当たり前なのですが、ホームズにとっても、ワトソンと協力するほうが正しいのです。リカードは、これが正しいということを明らかにした人です。

では、どうしてホームズはワトソンと協力するのか。

ホームズは確かに探偵業も、作家の仕事も、どちらもワトソンより上手かもしれません。けれども、「こういう事件があった」と事件簿を書いているあいだは、探偵の仕事ができません。

ホームズが、一番得意なのが探偵です。探偵の仕事をすることによる生産性が、ホームズにとって一番高いのです。

ホームズがその仕事をやらないで事件簿などを書いていたら、そのあいだ、探偵の仕事ができないことになります。その損失はとても大きいのです。

ですから、ホームズにとっては、ワトソンに「事件簿を君が書い

**■古典派経済学と「比較優位」（2）**

10ⓂTV テンミニッツTV Liberal Arts & Sciences

◆ホームズは一番得意な探偵業に専念したほうが生産性が高い。
（ホームズは事件簿を書いている間は探偵の仕事ができない）。
事件簿の執筆はワトソンに任せたほうがホームズにとってもよい。
ホームズもワトソンも相対的に自分が最も得意な仕事に特化することで
双方が利益を得られる。

◆同じことが国同士でも成り立つ。
たとえば米国がどんなものでも日本より安く作ることができるとしても、
米国は、自動車は日本に任せて相対的に生産性が高いIT等の分野に
特化するほうが良い。
自由な貿易で双方が得をする。

てくれ」というほうが、メリットがある。ワトソンは、探偵業は全然できないけれども、比較的、作家の才能はある。だったら、作家のほうをやってもらう。これでお互いに協力すれば、２人とも得をするというわけです。

## 国同士でも比較優位は成り立つ

これはもちろん国の場合でも同じです。

たとえば、仮にアメリカが、自動車産業でも、IT産業でも、世界一だったとします。その場合、日本と貿易する意味はないかというと、そんなことはありません。

アメリカはIT産業には圧倒的に高い能力があるけれど、日本は自動車産業が相対的には得意だったとしましょう。つまりIT産業に比べて自動車産業は日本が劣っている度合いが少ないとするならば、アメリカはより生産性の高いIT産業に特化して、自動車産業はまあまあ生産性が高い日本から輸入するほうがいい、ということになるわけです。

つまり、何でもできる人も、他の人と協力することでメリットは

あるのです。自分にはそれほど得意なことがないと思っている人でも、自分が相対的に得意なことを行なえば、全部ができる人と競争できるし、そういう人と取引しても利益が得られるのです。

これが「比較優位」の考え方です。

この比較優位は、ある意味では当たり前のことをいっています。比較優位が正しくなければ、皆が自給自足をしなければならなくなります。よく「比較優位は正しくない」という方もいらっしゃいますが、それはありえないことです。

これを明らかにしたことが、リカードの大きな功績です。

正確にいうと、同時代にトレンズなど数人がリカードとほぼ同じことを発見しているので、リカードが最初というわけではないのですが、それを非常に洗練された形で示したのがリカードだったのです。

## コラム 哲学者としてのアダム・スミス

スミスは、経済学の父であるだけでなく、偉大な哲学者でもありました。スミスの『道徳感情論』は、『国富論』ほど知られていませんが、人間の共感がいかにして道徳を生み出すかを説いた哲学の古典です。完璧主義だったスミスは寡作でしたが、この２冊の書物をはじめとする彼の研究は、現代にも大きな影響を与えつづけています。

それまでの哲学者は、人間はいかにあるべきか、経済や政治はどうあるべきかを語りましたが、経済や社会には法則性があり、人間はチェスの駒のように好きなように動かせるものではない（『道徳感情論』第6篇第2章）ということを忘れていました。いわば彼らは王や独裁者の観点から世界はどうあるべきかについて語ったわけです。

これに対して、スミスは、誰かが設計したわけではない自然発生的な秩序の豊かさに目を向けた哲学者でした。たとえ一人ひとりの人間が利己的で弱い生き物だとしても、人々の相互作用のなかから生まれた経済や道徳、言語、法には自然な秩序があり、それ自身の法則があります。そうして生まれた秩序には、もちろん欠陥もあり、是正すべき点はあるのですが、それは政治家や哲学者が人々に上から押しつけようとする秩序よりも、はるかに優れているものです。

どのようなテーマであれ、スミスは抽象的思弁だけではなく、歴史的・経験的な事実によって意識的でない人々の行動がいかに秩序を生み出すかを、みごとに示しています。自由な社会への信頼、権力への健全な懐疑は、スミスの著作を一貫して特徴づけるものです。

自由主義的な哲学は、同時代の哲学者でスミスの親友のヒュームやスミスの恩師であるハチスンにも見られるものですが、スミスの功績は自由主義的な哲学を幅広い分野に応用し、体系的な社会哲学へと発展させたことにあるといえるでしょう。

経済学についても同じことがいえます。スミスの時代にはヒュームやチュルゴー、ガリアーニ、カンティロンなど優れた経済学の研究はすでに存在していましたし、これらの経済学者の著作は、個々の点ではスミスよりも優れていると評価することもできます。ですが、歴史的事実に裏づけられた統一的な経済理論を打ち立てた功績は、やはりスミスのものです。

第4講

# 古典派経済学の特徴と時代的背景

## 古典派経済学が繁栄をもたらした…柱は自由貿易と貨幣数量説

古典派経済学の特徴として、自由貿易をはじめ、貨幣数量説、労働価値説、人口論などを挙げることができます。なかでも現代でも通用する２つの柱は「自由貿易」と「貨幣数量説」ですが、それはなぜでしょうか。また、その他の点では理論的限界がありましたが、その理由はどこにあるのでしょうか。ナポレオン戦争後に古典派経済学の「黄金時代」を迎え、経済的繁栄の時代がやってきます。しかし、やがて恐慌の時代がやってきます。古典派経済学がわかれば、そのような時代の動きもよく見えてきます。

## 古典派経済学の柱は「自由貿易」と「貨幣数量説」

さて、古典派経済学の特徴を整理すると、どのようになるでしょうか。第4講では、それをまとめた一覧表（p.49）を元に考えてみましょう。

基本的には、第3講まででお話ししたように、古典派経済学の考え方は、アダム・スミスの「自由な市場が基本的にはうまくいく」という考え方を発展させたものです。

古典派経済学の基本的な考え方はいくつかあるのですが、簡単にいうと、第1に①「自由な取引、自由な貿易が原則的に望ましいものである」ということです。

もう1つ、重要なポイントがあります。それが②「貨幣数量説」です。この点は、重商主義の考え方とは、まったく違います。

重商主義では貨幣は富だと考えましたが、貨幣数量説では貨幣は必要だけれども、それだけでは社会は豊かにならないと考えます。

つまり、「経済は貨幣がなければ成り立たない。取引をうまく行なうには、物々交換だとうまくいかない。だから、貨幣が存在することは重要なのだけれども、貨幣の量を滅茶苦茶に増やせば、長期的にはインフレになる（物価が上がる）だけである（逆に減らしたらデフレになってしまう）。だから、とにかく貨幣を増やせば豊かになれるわけではない」というように考えます。

ただし、貨幣は長期的には中立的になるのですが、短期的には景気に影響するということを、古典派は認めていたのです。

ここでいう「短期的に」「長期的に」とはどういうことかについて、少し説明しましょう（詳しい意味については第7講でも再度説明します）。

経済の規模やその能力は、社会全体が持っている技術や資本の量

10ⓂTV テンミニッツTV Liberal Arts & Sciences

■古典派経済学

古典派の基本的特徴

①自由な市場取引、自由貿易は原則として望ましい。

②貨幣数量説：貨幣は長期的には中立だが、短期的には景気に影響。

③資本蓄積の強調：豊かさの源泉は資本蓄積である。

④労働価値説：商品の価格は労働によって決まる。
＊しかし、古典派の「労働価値説」は理論的に不完全。

⑤マルサス（英）の人口論：所得が上昇すると人口が増加し、労働者は豊かになれない。技術進歩や企業家の役割への理解は希薄。

⑥所得分配を階級に基づいて分析。

⑦短期的には何らかの理由で不況が起きるが、
長期的に不況は自然に解消。

＊マルサスは保護主義者で異端的。J・S・ミルは分配に関しては社会主義に傾斜。

などで決まります。

たとえば、仮に、技術や資本の量はほぼ同一だけれども、貨幣の量が倍の国（相手から見れば半分の国）がどこかにあったとしましょう。長い目で見れば、この両国は、物価は違うかもしれないけれども、経済の能力自体は変わりません。

しかし短い期間でみると、たとえばもし、貨幣の量がいきなり半分になったら、どうなるか。今まで「これだけの量の貨幣がある」という前提で取引していたのに急に貨幣が足りなくなるので、モノ全般の値段（物価）を下げなければいけなくなります。つまり、これがデフレーション（デフレ）です。

その逆が、インフレーション（インフレ）です。つまり、いきなり貨幣の量が増えたら、物価はどんどん上がっていきます。

ですから短期的には、貨幣の量が増えたり減ったりすることは大きな混乱をもたらします。貨幣が劇的に増えたら景気は極端に加熱するし、逆に劇的に減ったら景気は一気に悪化して崩壊してしまいます。

「短期的」にはこういった影響があるのですが、「長期的」に見ると（つまり、こういう混乱がすべて調整された後で見ると）、貨幣の量自体は、実は経済にはあまり影響がない、というのが古典派の考え方です（前述したように、経済の規模やその能力は、社会全体が持っている技術や資本の量などで決まるからです）。

デイヴィッド・ヒューム
（1711年～1776年）

ジャン＝バティスト・セー
（1767年～1832年）

これは、スミスというよりは、リカードやジョン・スチュアート・ミル、あるいはヒューム（スミスの友人であった哲学者）の考え方です。また、フランスの経済学者である、ジャン＝バティスト・セーも主張したことです。

こういった②の「貨幣数量説」は、基本的に古典派の柱の１つでした（私としては「貨幣数量説」というより「貨幣数量理論」としたほうが適切だとは思いますが、ここではより一般に用いられている「貨幣数量説」と書きました）。

## 古典派の限界…現代では通用しない「労働価値説」

続いて、③として挙げた「資本蓄積の強調」です。

これまで説明してきた①「自由な市場取引・自由貿易が望ましい」ということと、②「貨幣数量説」は、私自身、正しいと思っていますし、現代でも通用する考え方です。

けれども、ここから先は今はちょっと通用しない考え方です。

古典派経済学の考え方は、「投資をして工場が次々と建てば、経済は良くなる」というものです。要するに、技術革新や、企業家が新しいことを考えることに関して、スミスからミルあたりまでの古典派経済学では、その発想がやや乏しいのです。

だから、資本が増えればとにかく経済は豊かになるだろうと考える。それが「資本蓄積の強調」です。

④は「労働価値説」という考え方です。これは「商品の価格は、どれだけ労働を投入したかによって決まる」というものです。「働かないと何もできない」という発想は結局、ここから来ています。

この「労働価値説」は、直感的にはもっともなところもあるように思えますが、よくよく考えると非常におかしいことをいっています。

労働時間が長ければ、その商品の価格が高くなるでしょうか。必ずしもそうではありません。資本など他の要素も当然、あるわけです。

そもそも、その商品にかけられた労働時間が長いからといって、消費者がその商品を欲しいと思うかというと、そうではありません。皆がそれに価値があると思うから、それだけの値段を払うのです。経済学的な言葉を使うなら、「効用」を感じるから、その商品を欲しいと思うのです。

この労働価値説は、どういうわけかスミスが「これがいい」といい、その後の人たちも皆、従ってしまったので残ってしまいました。古典派のなかには、ジャン＝バティスト・セーなど、「それは、おかしいのではないか」と思っている人が少しはいたのですが、このあたりは曖昧になってしまいます。

この「労働価値説」が支持された理由の１つに、「水とダイヤモンドの逆説」があります。

「水は有用なのに値段が低い。一方、ダイヤモンドは大して有用でないにもかかわらず価格が高い。だから有用性というのは価値の尺度ではない」という間違った主張を受け入れてしまったのです。

よく考えれば、これがおかしいのはわかるのですが、この問題については、この後、新古典派経済学が出てきたときに解決されます。この点は、古典派経済学の限界といえるでしょう。

## マルサス「人口論」のおかしさ

⑤は、マルサスの『人口論』です。マルサスはこの本で、「労働者は絶対に豊かになれない」と主張したのですが、これもかなりおかしい考え方でした。

マルサスは次のように考えました。少し豊かになったら、結婚して子どもが増える。子どもが増えても、経済の生産能力はそれほど増えないから、子どもが増えてくるとだんだん生活が厳しくなって、また貧乏になってしまう。だから、労働者は絶対に最低限の水準よりも豊かにならない……。

マルサスのこのような考え方については、近代の資本主義経済以前の社会をそれなりに説明していたという指摘もあります。しかし、マルサスは技術革新を生み出す資本主義経済の本質を決定的に誤解していたのでした。

スミスはここまで変なことは考えていなかったのですが、古典派はどちらかというと、そういった悲観的な発想になりがちでした。技術進歩や、企業家の役割に対する理解が不足していたのです。

トマス・ロバート・マルサス
(1766年〜1834年)

⑥は「所得分配を資本家、地主、労働者などの階級によって分析する」という手法です。

もちろんこれは、現代では通用しないやり方です。たとえば現代の日本では、労働者でも預金を持っていて運用している人が数多くいます。厳密な意味で労働だけで生きている人はなかなかいません。逆に資本家もそうで、現代の経営者報酬の多くは労働報酬です。ですから、今から見ると、おかしな点があるのです。

⑦は「短期的には何らかの理由によって不況が起きるが、長期的に不況は自然に解消する」という考え方です。これがおかしいかどうかについては微妙なところです。

不況を起こす「何らかの理由」について、ジャン＝バティスト・セーなど古典派経済学者の多くは「貨幣が理由だ」と考えていましたが、「長期的に全般的に需要が不足していて、不況がずっと続くということは起こらない」という発想がありました。

貨幣などの要因は短期的には重要だけれども、長期的には技術や資本といった生産能力が大事だという発想です。

ここで７つの点を挙げましたが、特に古典派経済学のコアは①と②だといっていいでしょう。

この２つは、現代でも通用します。私がいっている「古典派経済学は現代でも通用する」というのは、この意味です。

## 古典派経済学の帰結——自由貿易と産業革命による経済的繁栄

古典派経済学の時代は、自由貿易と産業革命の黄金時代でした。

スミスが自由主義的な発想を唱えたとき、「アメリカの植民地がなくなったら、イギリスは終わりだ」と皆がいっていたのですが、アメリカが独立してもイギリスは没落も何もなく、普通に繁栄が続きました。

「あまり政府がいろいろと規制しないほうがうまくいく」という発想に従っていたら——つまり、「競争を維持するという以外の介入を、あまり政府が行なわない」という方法を採っていたら——イギ

■古典派経済学の時代的背景

10ⓂTV テンミニッツTV Liberal Arts & Sciences

**自由貿易と産業革命：**

ナポレオン戦争後1870年代まで世界的な関税引き下げ・自由貿易が進み、大規模戦争がなく、経済的繁栄の時代が続く。

**1870年代の自由主義の衰退：**

長いデフレ不況で世界的に保護主義が台頭。限界革命で古典派に代わる新古典派が登場するが、彼らに思想性は希薄。

リスはどんどん豊かになった。どんどん新しい発明が出てきた。それが産業革命の時代です。

実は、これは若干、古典派経済学とは矛盾しているところがありました。古典派経済学の考え方では、労働者は豊かにならないはずだったのですが、産業革命で労働者も豊かになってきたのです。

自由貿易の利点をスミスやリカードが主張した時点では、現実にはまだ自由貿易は空想に近いものでした。スミスも「こんなものはユートピアだよね。たぶん実現しないけれど、本当はいいものだよ」といっていました。一方、リカードは議員に当選して自由貿易を主張したりしました。

それが、ナポレオン戦争（1796年～1815年）が終わったあたりから、イギリスでは関税引き下げが始まって、1846年には「穀物法」という保護貿易主義の法律が撤廃され、ほぼ完全な自由貿易が実現するようになります。そして、フランスはじめ他の国も自由貿易になっていきます。スミスが「ちょっと無理かな」と思ったことが、本当に実現してしまったわけです。

ヨーロッパ中を引っかき回したナポレオン戦争が終わると、局面がガラッと変わったのです。ナポレオン戦争までは保護主義と戦争の時代だったのですが、それが終わると、政治的にも自由で、個人の権利を認めようという方向に社会が変わっていきます。専制的な政府の権力を制限する運動が起き、経済的にも自由化が進みます。

そして、大きな戦争に欧州全体が巻き込まれることがない時代が、ナポレオン戦争後はかなり長く続くことになります。第一次世界大戦（1914年〜1918年）まで大きな戦争は起こりません（クリミア戦争〈1853年〜1856年〉などはありますが）。

植民地主義などは、結局、残ってしまって、そこまでうまくはいかなかったのですが、それでもかなり平和で、経済的にも豊かな時代が訪れます。

これはある意味で、「古典派経済学の帰結」といっていいでしょう。

## デフレ不況をもたらした「金本位制」

ただし1870年代以降は自由主義が衰退していくことになります。

非常に残念な話ですが、古典派の黄金時代が続いた後、1870年代には「金本位制」という通貨制度をいろいろな国が採用します。それによって、世界中がデフレ不況になってしまいます。

金本位制とは、金の量に従って貨幣の量が決まる制度ですが、金の量が不足するとデフレになってしまうのです。

金本位制について考える場合、貨幣数量説の２つの要素、つまり「長期的には貨幣は中立だけど、短期的にはそうではない」という考え方のどちらの要素にウェイトを置くかが重要です。

「長期的には中立」というほうにウェイトを置く人たちのなかには、「この際、金本位制がいい」と思う人が少なくなかったのです。政府が貨幣の発行量を決めるよりも、金本位制のような金の量といった自然で、どうしようもない要因に縛りつけておいたほうが安全

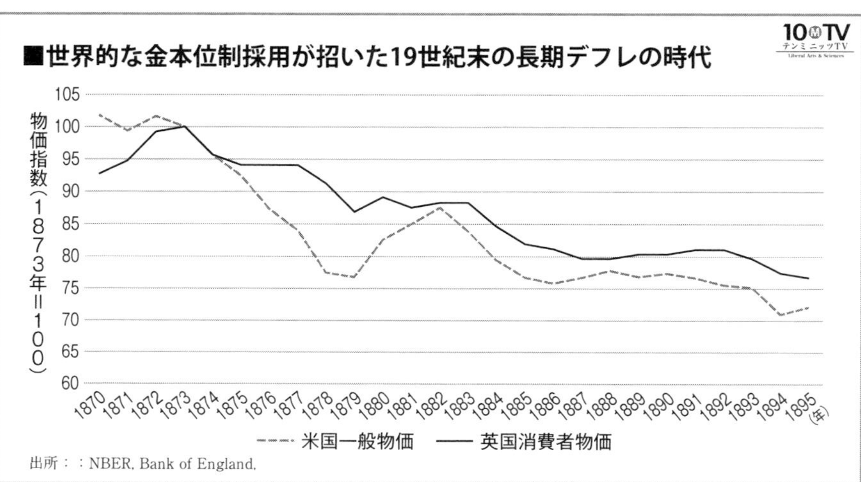

出所：：NBER, Bank of England.

なのではないかと思ったわけです。これは今のような統計のない時代には一理あったかもしれませんし、確かにイギリスが金本位制をやっていた分には問題はあまりなかったのです。しかし、いろいろな国が金本位制を採用すると弊害が大きくなります。

結果的に、それは間違った発想だったわけです。1870年代から（アメリカ、ドイツ、フランスなど）いろいろな国が金本位制を採用しようとしはじめます。そうして、金本位制を採用しようといろいろな国が行動しはじめると、世界の金の量はそれほど多くはないですから、金が不足してきます。

「金が不足する」と、金本位制の場合は「貨幣が不足する」ことになります。

そのため世界中が、当時でいう「Great Depression」となりました。この言葉はその後、1929年からの「大恐慌」の名称になったので、今はそのような言い方はしませんが、1870年代当時の感覚では「大恐慌」だったのです。

世界中がデフレ不況になると、「自由にやっていればうまくいく」などという発想に対して、皆が懐疑的になっていきます。

社会主義思想が1870年代頃から徐々に強くなってきて、保護主義も強まってきます。今まで「自由貿易がいい」といっていた国が、次々と保護主義に転換していくという状況になってきます。

古典派経済学自体の理論的な不備のいくつかは、1870年代に「新古典派経済学」に衣替えすることで解消していきます。しかしそれでも、「自由な社会がいい。自由な経済がいい」という発想は、1870年代の不況からだんだんと弱くなっていきます。

経済が停滞した状態が続いて、「何かこれはダメなのではないか」という感じになってくる。それが、自由主義の衰退を導いてしまうことになるのです。

## コラム ドイツ関税同盟の誤解

19世紀の自由貿易下の繁栄の最良の例の１つは明治日本です。開国以来、日本経済は順調な発展を遂げました。最近の研究では自由貿易の直接的恩恵はGDPの5〜9％程度と推定されていますが（Bernhofen and Brown［2005］）、西洋から近代的な会社制度や議会政治といった優れたアイデアを輸入した恩恵は、さらに大きかったと考えられます。

デンマークやスウェーデンも自由貿易で豊かになった成功例です。どちらも貧しい途上国でしたが、19世紀から20世紀初めにかけて急成長し、先進国に仲間入りを果たしました。デンマークはドイツの侵略で領土を奪われながらも、植民地を持たずに国内開発と貿易で繁栄を手にしました。明治のキリスト教思想家、内村鑑三は逆境を克服したデンマークを称賛していますが（『デンマルク国の話』）、デンマークの繁栄は自由貿易政策の恩恵が大きかったのです。

これに対して、保護主義の成功例といわれるのがドイツです。一般書ではドイツ関税同盟（1834年）の意義が強調され、「ドイツ関税同盟は、内国関税を撤廃し、諸邦共通の対外関税を作って、イギリス製品を締め出した。この経済同盟は1871年に形成されるドイツ帝国の基盤を形成した」（Allen [2011]、p.42［邦訳、56頁]）などといわれがちです。

しかし、ドイツの保護主義の成功は神話にすぎません。ドイツ関税同盟のリーダーであるプロイセンでは1818年の関税改革以降、事実上の自由貿易を採用しています。「1818年に域内関税を撤廃して以来、プロイセンの関税はずっと低いままであり、1834年に関税同盟が適用したのも、その低率のプロイセン関税であった」というのが真相です（Kindleberger [1996]、p.157［邦訳、57頁]）。1818年の関税はほとんどが10％以下で、この税率は「プロイセンの主な競争相手のどこよりもずっと低かった」ので、イギリス製品はドイツ市場から、まったく排除されていませんでした（Kitchen [1978]、p.31）。ドイツの関税は1834年から1880年代まで一貫してイギリスより低く、ほぼ常に主要国で最低でした。ドイツが“高関税政策”に転じるのは1879年以降ですが、主な対象は農業関税で、ドイツの工業発展とは無関係です。関税で影響を受けた可能性のある輸出産業は全体の２、３％にすぎず、関税は重要ではなかったと評価されています。しかも1880年代以降の平均関税率はイギリスよりわずかに高くなりましたが、フランスと同程度で、1855年以前よりも低かったのです（Dedinger［2006]，Capie [1994]）。

第5講

# 古典派を批判した異端者たち

## 異端の経済学者…ドイツ歴史学派、社会主義、マルクス主義

古典派経済学が一世を風靡(ふうび)した時代には、それに批判的な意見も登場します。それが、ドイツ歴史学派や、社会主義、マルクス主義などのグループです。これらの考え方は今でも根強く残っているのですが、問題含みの主張が散見されます。具体的にはそれぞれどのようなことを主張したのでしょうか。当時の時代状況や一般への受け止められ方を含め、詳細に解説します。

## かなり問題含みの保護主義…リストの主張

第５講では、異端の経済学者を見ていくことにしましょう。

古典派経済学に対して、当然ながら反発もありました。そのような主張を展開したのが、異端の経済学者です。とりわけ、経済の調子が悪くなってくると、彼らは影響力を増し、強くなってくるわけです。

１つは「ドイツ歴史学派」といわれるグループです。保護貿易主義を唱えたドイツの経済学者フリードリッヒ・リストの流れを汲んでいるグループです。彼らは「歴史法則主義」を取っています。

歴史法則主義とは何かというと、「普遍的な経済法則など存在しない。経済は歴史の段階によって法則がどんどん変わっていくのだ」という考え方です。

だから、「古典派経済学の主張は、先進国にしか当てはまらない。遅れた国は保護貿易が必要だし、政府の介入が必要だ」というのが、歴史学派の主な主張です。

というよりも、彼らは「経済法則などない」という点に重心を置いています。

しかし、法則がなかったら、経済学は歴史の研究に解体してしまいます。つまり、経済学という学問は成立せず、単に歴史を研究すればいいだけになってしまいます。ですから、かなり問題含みの主張でした。

フリードリッヒ・リスト
（1789年～1846年）

ちなみに、第二次世界大戦後にかつての植民地が次々に独立しますが、そのようにして独立した発展途上国の多くも、

**■異端の経済学者たち（1）**

10講TV テンミニッツTV Liberal Arts & Sciences

**ドイツ歴史学派**：保護主義者のリスト（独）の流れを組む。
歴史法則主義をとり、普遍的経済法則を否定。
↓
「発展段階によって経済法則は変化。
古典派の主張は先進国にしか当てはまらない」

**リストはドイツ帝国主義の弁護人**
- **ドイツ帝国主義、植民地化を正当化する似非（エセ）地理学**
- オランダとデンマークは独立という「不自然な努力」をやめ、ドイツに併合されなければ衰退すると予言。
- ベルギー、スイス、中南米、東洋、東欧、オーストラリア、ニュージーランドなどもドイツの植民地になるべき。
- 熱帯は工業に適しておらず植民地になるしかない。急激な奴隷解放はよくない。“寛大な”農奴制で黒人を“教育”すべき。
- **⇒ナチスに通じる危険思想**

保護貿易主義を採用しました。「先進国からの輸入を制限して国産化し、自国の産業を高める政策」（輸入代替工業化政策）です。

しかし、この「輸入代替工業化政策」は、ことごとく失敗しています。これを行なわなかった国が、その後、大きく成長したわけです。たとえば、台湾や韓国がそうです。もちろん日本も基本的に、これを行なわないで発展した国です。

要するに、保護主義は結局、歴史的にはいつも失敗するのですが、すでに19世紀からそのような主張があったのです。

リストは今でも、保護主義者のあいだでたいへん人気がある人物なのですが、最後に「自分は受け入れられない」と悲観して自殺してしまった、非常に気の毒な学者ではあります。

ただ正直いって、リストは、やはり危ない思想家です。リカードやアダム・スミスを猛烈に批判しているのですが、はっきりいってリストは、リカードの著作をろくに読んでいません。

これはあまり指摘する人がいないのですが、リストは、リカードについて「専ら農業地代についてだけ研究している」学者だと嘲笑（ちょうしょう）しています。しかし、リカードを普通に読めば、彼が農業地代についてばかり書いているわけではないことぐらい誰だってわかるはずです。実はリストは、リカードを攻撃していながら、肝心なリカードの「比較優位の原理」もまったく批判していないのです。

これはおそらく、リストはリカードの著作の最初のほうだけ読んで「こいつは間違っている」と思って、そのまま放り出したか、理解できなかったか、どちらかだと思います。

リストは思い込みが激しく、自分の理論が世に受け入れられないのは、アダム・スミスの学派の組織的迫害とイギリス政府の陰謀のせいだなどと被害妄想めいたことを書いていますが、その実、古典派の理論をほとんど理解していなかったのです。

また、リストは植民地帝国を大いに支持していました。オランダやデンマークは独立を保つ「不自然な努力」をやめてドイツに飲み込まれるべきとか、熱帯は工業に適さないから植民地になるのが良いといった差別的で経済学的にもナンセンスな主張をしています。保護主義で自給自足的な経済をつくろうという発想であれば、当然そうなります。これはナチスの生存圏（レーベンスラウム）の思想にも通じる危険な考え方です。はっきりいって、経済学的な観点から見ても、リストの意義は乏しいと私は思っています。

## 「空想的社会主義」は本当に「空想的」だった

次に取りあげる異端派は、社会主義、マルクス主義の潮流です。

社会主義は当然、出てくる動きです。資本主義的な市場経済が広がる前は、第2講でも見てきたように、基本的に経済は政府が規制したなかで取引をする姿でした。政府が設立した企業や、規制で保護された同業組合などがあり、政府の法律があって、「正しい経済」なるものをつくるという発想でやっていたわけです。

ある意味では、そのような保護を、市場経済が壊してしまったのです。急に豊かになる人がいたり、新しい企業が次々と出てきたり

■異端の経済学者たち（2）

10ⓂTV
チンミニッツTV
Liberal Arts & Sciences

**社会主義**：市場経済を搾取と批判し、

市場を計画経済や共同体の支配に置き換えようとする。

サン=シモン、フーリエ、オーエンやプルードン（無政府主義）

↓

後にマルクスやエンゲルスが彼ら以外の社会主義者を

「空想的社会主義」として批判。

して、昔ながらの企業は時代遅れになってしまう。そこでいろいろな交代も起こります。

そのようななかで、たとえば当時のヨーロッパの一般の人があまり好ましいと思わないような、ユダヤ系の企業家が大きな成功を収めたりする。それまで差別されて、非常にかわいそうな境遇だった人たちが、自由な経済活動を許されて大きく富を拡大したのです。

ついでにいうと、「〇〇家の陰謀」などといった話はまったくおかしな話で、むしろ非常に革新的でまともな活動をしていたからこそ成功したというのが実態です。ですが、このように急に豊かになる人が出てきたりすると当然、反発する人が出てくるわけです。

そういった不満を抱いた人たちのなか

アンリ・ド・サン＝シモン
（1760年～1825年）

シャルル・フーリエ
（1772年～1837年）

から、「市場経済は、実際は搾取だ」「貧乏な労働者がたくさんいるではないか」「計画経済のような発想でやったほうがうまくいくのだ」という意見が出てくるようになります。

その代表は、「空想的社会主義」とマルクスが罵倒したことで有名な、サン＝シモン、フーリエ、オーエンといった人たちです。

彼らの思想は少しずつ違います。

サン＝シモンはどちらかというと、「テクノクラートが支配する経済がいい」という発想で、あまり社会主義らしくない人です。

フーリエ、オーエンはもっと社会主義で、共同体が支配する経済を唱えました。オーエンは経営者で、自分の工場で温情主義的経営を試みたり社会主義の理想郷をつくろうとしたりしましたが失敗しています。オーエン本人は自分を美化して書いていますが、実際には、彼の家父長主義経営は不評で、賃金も高くありませんでした（Robinson［1969, 1971］）。フーリエは田園都市に少人数の共同体をつくることを夢見ていました。空想的社会主義者は資本主義に対する反感は強いのですが、現実の経済はよく知らないのです。共同生活への郷愁が彼らの共通点です。ある意味で非常に反動的です。

ロバート・オーエン
（1771年～1858年）

ピエール・ジョゼフ・プルードン
（1809年～1865年）

また、フーリエや、無政府主義のプルードンは、非常に反ユダヤ主義的でした（サン＝シモンは違います）。プルードンは、ユダヤ人を「アジアに追い返すか、さもなくば絶滅に至らしめなければならない」などと恐ろしいことを書いていま

■フーリエのユートピア（？）

10ⓂTV テンミニッツTV Liberal Arts & Sciences

フーリエの狂気のユートピア

- 月は6つになり、太陽も2つになる。
- 北極には巨大化して消えることがないオーロラが現れる。
- 海水はシロップになり、レモネードの味になる（?）。
- 凶暴な動物は大人しく役に立つ反対の生き物に変化する。
- 人類の寿命は144年に延びる。
- そのうち120年は性愛に明け暮れて暮らす。
- 人類は平均2m以上の身長になり、
  アルシブラという尻尾を持つようになる（?!）。
- 温暖化してサンクトペテルブルクでブドウが取れ、
  ワルシャワでオレンジが栽培される。
- スエズとパナマに運河ができる。
  （これはまともなアイデア）

す。彼らには市場経済が出てくる前の秩序を再建するといった全体主義的な発想があるのです。

こういった発想で社会主義が出てくるのですが、正直なところ、当時の社会主義はあまり説得力がありませんでした。なぜかというと、ビジョンが空想的だったからです。

その意味では、マルクスの指摘は正しかったといえます。あまり経済学らしい発想をしていないことと、社会主義者が描く理想の共同体のあり方がしばしばカルト宗教的で、「大丈夫か」と思ってしまうほどエキセントリックなものだったのです。

たとえばフーリエは、将来訪れる社会主義の世界では、「海はレモネードの味になる」と本当に書いています。「世界には物があふれかえって、何でも好きなように消費できる。フリーセックスのユートピアである」といった具合です。

さらに、「人間には尻尾が必要だ」などいうエキセントリックなことも書いています。さすがに普通の人はそれを聞いて、「ちょっと無理だ」という雰囲気になっていたのです。

## マルクス主義は、ややずるい？…人気となった理由

そこで出てきたのが、マルクス主義です。マルクス主義は「科学的社会主義」と称しています。マルクスやエンゲルスの思想は「経済法則に基づいた社会主義だ」というのです。

ところが、マルクス、エンゲルスの科学的社会主義は、ややずるいところがあります。魅力的な代替案を提示することによって人を引きつけるというよりは、資本主義がいかにダメかということを徹底的に強調するやり方で社会主義を主張するわけです。

細かいことは省略しますが、リカード流の「労働価値説」をうまく利用して、「富を生み出したのは労働者なのに、資本家が儲けているではないか。これは労働者を搾取しているのだ。労働が価値を生み出すのに、他の人が富を持っているのはおかしい」というような主張をしたわけです。

カール・マルクス
（1818年～1883年）

労働だけが価値を生み出すというのが本当なら、労働者以外の所得は労働者からの搾取だということになります。

資本主義はとにかく搾取による悪い体制であり、労働者はどんどん貧乏になっていき、必ず恐慌が起こって資本主義が崩壊する。「資本主義的私有の最期を告げる鐘が鳴る。収奪者が収奪される」（マルクス［1965］『資本論Ｉｂ　マルクス エンゲルス全集第23巻第二分冊』、995頁）

フリードリヒ・エンゲルス
（1820年～1895年）

■異端の経済学者たち（3）

10ⓂTV
テンミニッツTV
Liberal Arts & Sciences

**マルクス主義**：科学的社会主義を主張するマルクス、エンゲルスの思想。
他の社会主義者が社会主義の将来像を描いたのに対し、
労働価値説に基づく資本主義批判に重点を置く。

労働価値説や資本蓄積重視など古典派と多くの点で共通点。
資本主義は恐慌で間もなく崩壊する、労働者は絶対的に窮乏化する
といった予測はすべて外れたにもかかわらず根強い人気。
なぜ、異端派は主流になれなかったか？→理論的明確な代替案の欠如。

というわけです。

マルクスの預言は、まったく当たっていないことを除けば、実によくできています。

マルクスの面白いところは、古典派経済学の考え方を、実はほとんど丸呑みしていることです。シュンペーターという経済学者が、「マルクスはリカードを全部飲み込んだ」ということを書いていますが、まさにそうです。

第４講で古典派経済学の特徴を整理しましたが（p.49）、マルクスはそのうちの①「自由な市場取引が望ましい」と、②「貨幣数量説」は基本的には否定しているのですが、その後の部分はほとんど同じです。

③「資本の蓄積が経済を決める」という資本中心の考え方と、④「労働価値説」、それから⑤「とにかく労働者は絶対に豊かになれない」という発想（彼はマルサスの人口論を支持していないのですが）、⑥「所得分配を階級に基づいて分析」している点、最後の⑦はあまり関係ないのですが、景気に関しても、「景気の循環が起こって恐慌は必然的に起きる」という一部の古典派のアイデアを取り入れています。

だから、古典派の枠組みをそのまま使って、それをネガティブに解釈したのがマルクスです。しかも、ドイツ歴史学派的な影響を受けていて、「歴史法則は資本主義の時代が終わったら変わるから、社会主義のことなど詳しく書かなくていいのだ」という考え方なのです。社会主義の世界が訪れたら、今まで資本主義の時代に成り立っていたような法則は全部なくなり、皆が豊かな暮らしができるようになるはずだというわけです（ここはユートピア的です）。

つまり、「歴史が変わったら、そういった時代が訪れるので、とりあえず気にしなくていい」と。そこまではっきりとはいっていませんが事実上、そういった考え方です。

「資本主義は悪い」というところに大きなインパクトを置いて、「社会主義が理想の社会だ」と、かっこいいスローガンをたくさん並べるのですが、社会主義の理想の社会の具体像についてはあまり細かく書いていないのです。

そういった戦略を採ったことで、大きな支持を集めました。確かに、これは大変巧妙な戦略です。つまり、フーリエのユートピアを信じるかといわれると「ちょっと……」と思う人たちでも、「何か、いい社会が来るよ」といわれると「あ、そうかもしれない」と思うわけです。

「それが歴史の必然だ」とマルクスは述べたわけです。しかし実際は必然ではなかったし、失敗してしまうわけです。

さて、もっと長々と話してもよいわけですが、米国の経済学者サミュエルソンの言葉を借りるなら、マルクスは、「純粋な経済理論の観点からは、マイナーなリカードの後継者で、レオンチェフの産業連関分析の興味深くないわけでもない先駆者の一人」（Samuelson［1961］、p.12）にすぎません。マルクスの預言はほとんどすべて外れていますし、サービス業は価値を生まないといった彼の多くの考えは今では古めかしいものです。本講義では、このぐらいにとどめておきたいと思います。

## コラム　マルクスの目指したのは脱成長だったのか

マルクスは『資本論』でも共産主義がどんな社会なのか、ほとんど語っていません。『共産党宣言』や最晩年の『ゴータ綱領批判』などを読んでも市場経済に代わる体制がどのように機能するのか明確な記述はありません。マルクス主義者のあいだですら、マルクスが本当にいいたかったことについて解釈がわかれるのは無理もありません。

『人新世の「資本論」』で大きな注目を集めた斎藤幸平氏は、実は「脱成長コミュニズム」こそマルクスの真の思想で、「経済成長を追い求める生産力至上主義型のソ連のような共産主義」（『人新世の「資本論」』、196頁）はマルクスを誤読した結果に過ぎないと主張しています。斎藤氏が証拠とするのは、マルクスの最晩年の著作『ゴータ綱領批判』の次の「有名な一節」です（同書、200頁）。

「共産主義社会のより高度な段階で、すなわち個人が分業に奴隷的に従属することがなくなり、それとともに精神労働と肉体労働の対立がなくなったのち、労働が単に生活のための手段であるだけではなく、労働そのものが第一の生命欲求となったのち、個人の全面的な発展にともなって、またその生産力も増大し、共同体的富のあらゆる泉が一層豊かに湧き出るようになったのち、――そのとき初めてブルジョワ的権利の狭い限界を完全に踏み越えることができ、社会はその旗の上にこう書くことが出来る――各人はその能力におうじて、各人にはその必要におうじて！」（同書、200～201頁／マルクス「ゴータ綱領批判」

『マルクスエンゲルス全集19』21頁)。

しかし、これは素直に読めば「共産主義社会のより高度な段階」では「その生産力も増大し」ているのですから、マルクスが「生産力至上主義型」の共産主義を構想していたのは明らかに思えます。マルクスの盟友エンゲルスは、『空想より科学へ』のなかで、共産主義の下では「妨げられることなく絶えず加速する生産力の無限の増大とそれに伴う生産の実質的に無限の増大」が起き「大量の生産手段と生産物」が利用できるようになると主張していますが(エンゲルス「空想より科学への社会主義の発展」『マルクスエンゲルス全集19』222頁)、これが普通の解釈です。

斎藤氏は生産力至上主義的なエンゲルスの主張はマルクスの誤読だといいますが、当のマルクス自身が『空想より科学へ』を「科学的社会主義の入門書」として絶賛しています(マルクス「『空想より科学への社会主義の発展』フランス語版(1880年)へのまえがき」『マルクスエンゲルス全集19』183頁)。

ソ連が恐ろしい国だったのは成長を追い求めたからではなく、共産主義的な人間を作り出そうとし、従わない者を粛正したからです。原始共産主義を目指し都市住民を農村に強制移住させたポル・ポトのカンボジアはある種の脱成長コミュニズムですが、きわめて抑圧的でした。斎藤氏はマルクスを民主主義者として描きますが、『ゴータ綱領批判』でもマルクスは普通選挙権を攻撃しています。

「資本主義社会と共産主義社会とのあいだには、前者から後者への革命的転化の時期がある。この時期に照応してまた政治上の過渡期がある。この時期の国家は、プロレタリアートの革命的独裁以外のなにものでもありえない」(マルクス「ゴータ綱領批判」『マルクスエンゲルス全集19』28〜29頁)。

レーニンは『国家と革命』でマルクスの言葉を豊富に引用し、民主主義的な解釈を拒否していますが、彼の解釈は説得的です。マルクスを理想化するのは無理があるというしかないでしょう。

第6講

# 労働価値説から限界革命へ

## 限界効用理論とは?…「労働価値説」はいかに否定されたか

マルクス主義が「主流」になれなかった一因は、彼らが依拠した「労働価値説」への異議が噴出したことにありました。1870年代の「限界革命」で「労働価値説」に代わって「限界効用理論」が経済学の主流になります。この「限界効用理論」と、同時期に登場した「一般均衡理論」の登場によって、経済学は一段と進歩することになります。

## 「労働価値説」に向けられた批判

第5講で、異端の経済学者を紹介しましたが、彼らはどうしても主流になれませんでした。どうして主流になれなかったかというと、魅力的な選択肢、代替案がなかったからです。

「古典派経済学におかしいところがある」といえば、それはおかしいところはあったかもしれません。というか、確かにありました。しかし、「具体的にどう考えればいいのか」ということに関して、それほど説得力のある選択肢を示せたわけではなかったのです。

マルクス主義も「とにかく資本主義は悪い」というのですが、社会主義は具体性がなくボンヤリとしていました。労働者の絶対的窮乏化や恐慌で革命が起きるといった予言も、まったく当たりませんでした。

そのような状況で、古典派経済学はずっと続いたのですが、「そもそも古典派経済学やマルクス主義が依拠している『労働価値説』がおかしいのではないか」と、だんだんと指摘されるようになってくるわけです。

1848年にジョン・スチュアート・ミルは、労働価値説に関して「幸いにも、解明すべきことは何も残っていない。価値の理論は完成している」と満足げに書いていたのですが、彼がそう書いてほんのしばらくして、それは全部ひっくり返されてしまいます。

特に1870年代に「限界革命」といわれる一連の動きのなかで、そういったことがはっきり指摘されるようになってきます。

実は本当は、それ以前から正しい主張（限界理論）はあったのですが、あまり表に出てこなかった。それが強く前面に出されるようになります。

■「労働価値説」から「限界革命」へ

10ⓂTV テンミニッツTV Liberal Arts & Sciences

古典派とマルクスが主張する「労働価値説」はおかしい！
↓
**1870年代の限界革命**〔ジェボンズ（英）、メンガー（墺）、ワルラス（仏）、マーシャル（英）〕
「限界効用」=様々な財を、1単位追加して消費することによって得られる「効用・満足度」。
「一般均衡理論」（ワルラス）=市場全体の価格と需給の同時決定を扱う理論。現在のミクロ経済学の基礎
これ以降、経済学の数学的な分析が進む。
誤解があるが、限界効用理論は労働価値説よりも優れた理論だが、それ自体はニュートラルで、別にマルクス主義を倒すためにできたわけではない（ワルラスは社会主義者だった）。

## 「限界」とは、「追加の1単位」のこと

カール・メンガー
（1840年〜1921年）

フリードリヒ・フォン・ヴィーザー
（1851年〜1926年）

今、「限界革命」という言葉を出しましたが、この「限界」という単語自体、わかりづらい雰囲気があります。この言葉は、メンガーの弟子であるヴィーザーがつくったのですが、経済学専門用語なので少し説明が必要です。

第４講で「水とダイヤモンドの価値」の話をしました。水は非常に価値があるのに安い。ダイヤモンドは大して価値がないのにすごく高い。だから、皆が効用（価値）を感じることは、価格を決める要因ではないのだ、というのが古典派の考え方でした。つくるのにかかった労働が価値を決めるのだ、というわけです（しかし、労働で説明してもうまくいかな

いことに変わりはなく、古典派もマルクスも価値の説明に四苦八苦していたのです）。

そうではないことに気がついたのが、「限界革命」を起こした経済学者たちです。彼らのカギとなるアイデアが「限界」という概念です。どういうことか。

水全体の価値とダイヤモンド全体の価値を比較しているから、パラドックスになってしまう。実際には「水全体を選ぶか、ダイヤモンド全体を選ぶか」などいう選択を、われわれは日常的に行なってはいません。一生、水なしで暮らすか、ダイヤモンドなしで暮らすかなどいう選択を迫られたら、誰だってダイヤモンドを捨てて水を取るに決まっています。

実際にはこれは、「全体の効用」＝「総効用」と、「限界的な効用」＝「今、１単位消費するときの効用」を区別していないから起こる間違いなのです。

「限界」とは、いってみれば単位というか、規模感の問題なのです。今、持っているものに加えて、さらに追加的に１個消費を増やす。つまり「限界」とは「ほんの少し」という意味です。

つまり、「私は水を飲んでいるけれど、加えてさらにもう１杯水を飲むことの価値はどれくらいか」ということで価格を決めているわけです。今、持っている分に加えて、ほんの少し増やしたときにどれだけ価値があるかが、価格を決める要因なのです。これを「限界効用」という言い方をします。

ダイヤモンドは、もともと少ししかありませんから、さらに１個ダイヤモンドを買うことの価値は非常に高いわけです。

全体の効用は小さいけれど、最後の１単位の効用は高い。だから、ダイヤモンドの価値は高い。

一方、水はすでにたくさんある。さらに１杯、追加的に水を買うことの価値は低い。だから水は安いのです。

しかし、砂漠のど真ん中で水を売っていたら高く売れます。これは、さらに追加的な１杯の水の価値がものすごく高いからです。砂漠では水は少ししかないですから。

このように、「限界的な効用」と「総効用」を区別することによって、水とダイヤモンドのパラドックスという、労働価値説の根拠とされた理論は解決したわけです。

当然、この考え方でいくと、労働価値説はおかしな考え方だということがいえるわけです。

これで労働価値説の根拠は崩れてしまったのですが、マルクス主義の人たち、あるいは労働価値説をそれまで擁護した人たちは有効な反論を示せなかったので、経済学の主流からは退場していくことになります。

## 経済学の数学化と「一般均衡理論」

次に「一般均衡理論」という、これまたわかりづらい言葉について説明しましょう。

「限界革命」は、イギリスのウィリアム・スタンレー・ジェボンズと、オーストリアのカール・メンガー、それからフランスのレオン・ワルラスが主な立役者です。また少し時間的には遅れるのですが、ケインズの先生であるアルフレッド・マーシャルもそうです。

こういった人たちにより、「限界分析」（「限界効用」あるいは「限界費用」等の分析）、要するに「最後の１単位の追加分によって経済の変動を分析する」という手法がどんどん発展してくるわけです

ウィリアム・スタンレー・ジェボンズ
(1835年～1882年)

が、これと並行して進んだのが「経済学の数学化」です。

そこで、ワルラスという限界革命の立役者のうちの１人が考えたのが「一般均衡理論」です。

レオン・ワルラス
（1834年〜1910年）

この基本的な発想は非常に簡単です。経済全体は必ずつながっている。つまり、何かの価格が変わったら、他の市場も影響を受けるはずです。ミカンとリンゴは当然、関係があるし、むしろ経済全体がつながっている。

この経済全体のつながり、いろいろなものの需給の同時決定を扱うのが「一般均衡理論」です。これは、現在のミクロ経済学の基本になっている理論です。

アルフレッド・マーシャル
（1842年〜1924年）

ただし、日常的というか経済学部レベルでは「一般均衡理論」はあまり使いません。むしろ他の市場が一定の状態のときに特定の市場に注目するという「部分均衡分析」が主に使われています。部分均衡分析の手法を発展させたのはマーシャルです。一般均衡と部分均衡はどちらかがより優れているというわけではなく、分析する対象によって、どちらを使うのが良いかは変わってきます。

ただし一般均衡理論は、数学的な分析ということもあって、あまり経済学になじみがない方には、なかなかわかりづらいことも確かです。とりあえずは、「経済全体の相互作用を扱う数学的な分析が出てきた」と理解していただければと思います。

## 学説の純粋な進歩――イデオロギーは関係ない「限界効用理論」

このように「限界効用」や「一般均衡理論」が出てきて、古典派経済学やマルクス主義が依拠していた「労働価値説」が完全に覆ってしまうことになりました。

ただし、これは若干、マルクス主義者も含めて多くの方が誤解している点ですが、限界革命の理論家たちは、「社会主義を倒そう」とか「マルクス主義を倒そう」とか、そういった政治的意図を持ってこのような理論を考えたわけではありません。

この理論が受け入れられるようになった理由は、純粋に経済学的に、労働価値説よりもいろいろなことが説明できるからです。

特にマルクス主義の方はしばしば「限界効用理論を説く経済学者にはイデオロギー的な理由があって、ブルジョアの手先なのだろう」などというのですが、これはまったくの間違いです。ジェボンズもあまり資本主義的ではありませんでしたし、ワルラスは土地国有化を支持する社会主義者でした。社会主義者でも限界理論を使うことはできるのです。

限界革命以降の経済学を「新古典派経済学」といいますが、新古典派経済学の人たちは基本的にニュートラルに限界効用理論が使える、また限界分析の理論が様々な現象を説明するのに役に立つから使っているというだけです。だから思想的にこれを捉えるのは、本当は正しくないのです。

マルクス主義のなかでも数理マルクス主義というグループがあって、その方々は基本的に限界分析も使っています。

これを「善悪の戦い」のように捉えてはなりません。これは「学説の純粋な進歩」なのです。

## コラム 限界革命の先駆者たち

現代から見ると、労働価値説が長い間信奉されていたのは不思議です。限界革命以前にも限界効用を発見していた経済学者は少なくありません。実のところ、スイスの数学者ベルヌーイ（1738年）やイタリア生まれのフランスで活躍した経済学者ガリアーニ（1751年）は、アダム・スミスよりも前に限界効用理論を発見してさえいます。

限界革命の直前には、ドイツのゴッセン（1854年）がほとんど完全な限界効用理論を発展させていました。ゴッセンの著作は理解されず完全に忘れられていましたが、今日では高く評価されています。

興味深いことに、労働価値説が強かったイギリスとは違い、フランス等の欧州大陸諸国では価格を効用で説明する学説が早くから有力で、限界分析と相性が良い数理経済学も盛んでした。たとえば、限界革命のリーダー、レオン・ワルラスの父オーギュストは効用説の支持者でしたし、父の友人のクールノーも寡占市場の分析で大きな功績を残した数理経済学者です。

イギリスで労働価値説が優勢だった理由は労働倫理を尊ぶプロテスタンティズムの影響ではないか、などという人もいますが、定かではありません。イギリスでも19世紀初めには功利主義の哲学者ベンサムなど何人かが限界効用の素朴なアイデアを示しています。イギリスで限界分析を発展させたジェボンズやエッジワースは功利主義から強い影響を受けた人たちです。

限界効用理論は社会的背景や思想的立場も大きく異なる様々な経済学者が独立に発見してきた理論です。地動説に多くの先駆者がいたように、限界分析にも多くの先駆者がいたのです。

第７講

# 新古典派経済学とは何か

## 新古典派経済学への誤解と実際…特徴と古典派との違いは？

限界革命以降に登場した「新古典派経済学」。これについては、ケインズ経済学やマルクス経済学と対立する市場原理主義だという誤解が現代でも多くあります。それはなぜか。また、その具体的な中身は何なのか。新古典派経済学の具体的なグループとしてマーシャルらのケンブリッジ学派、ワルラスらのローザンヌ学派、メンガーらのオーストリア学派を取りあげて、古典派経済学との違いとともに解説します。

## 「新古典派」への誤解――現実の「新古典派」はもっと柔軟

第7講では、新古典派経済学について見ていきましょう。

「新古典派経済学」とは基本的に、限界革命以降に出てきた経済学のことを総称して呼ぶ名前です。

これはしばしば、特に左派系の方の書いたもののなかには、誤解があります。「ケインズ経済学とマルクス経済学と対立するものが新古典派経済学である」とか、「自由放任を唱える極端な市場原理主義の集団」といった理解をしている方が多くいます。反緊縮を唱える方々は、「緊縮主義とは新古典派経済学である」とよくいうわけです。

しかし、これは正しい理解ではまったくありません。「新古典派経済学」という特定の結束力が強いグループがあるわけではないのです。これは古典派経済学に関してもいえるのですが、新古典派はなおさらそうです。

そもそも、「新古典派」という言葉は2つのほとんど関係ないものを指しているのです。まず、1870年代以降の経済学のグループの総称を、狭い意味で「新古典派」といいます。特にケンブリッジ学派というグループの人たちのことを、主にそう呼びます。

ですが、今現在、「新古典派」という言葉を使うときは、まったく違う意味で使うことが多いのです。価格が伸縮的で、経済が長期的に安定した状態にあるときの経済理論のことを、「新古典派モデル」と呼んでいるのです。

短期的な経済の分析に使うモデルを「ケインズモデル」と便宜的に呼び、長期的に成り立つ議論を呼ぶときに「新古典派モデル」という名称を便宜的に使っています。

短期的に価格は、景気が悪くなったからといって急に下げたり、

**■新古典派経済学（1）**

10M TV テンミニッツTV Liberal Arts & Sciences

「新古典派」への誤解

ケインジアンと対立する自由放任主義の危険な集団？　緊縮主義？
→**特定の「新古典派」というグループは存在せず、
人によって使い方も違う。**狭い意味では1870年代の限界革命で
成立した経済学派（特にケンブリッジ学派）の漠然とした総称。

もともとは「古典派」はマルクスやケインズが与えた蔑称に近いレッテル。
「新古典派」も米国制度学派の経済学者ヴェブレンの作った蔑称。
自分で「新古典派」と名乗っていた経済学者はいなかった。

現代では、長期で成り立つマクロ経済理論を指す便宜的名称。
価格が伸縮的で供給サイドで経済成長が決まる経済を
新古典派モデルと呼ぶが、現実の「新古典派」はもっと柔軟。

急に上げたり、そういったことはあまりできません。だから、短期では「価格が伸縮的に変化しない」と考えられます。

それから、たとえば新型コロナショックのようなパンデミックがあって、サービス業の需要が急になくなったとしても、今、サービス業で働いている人たちは、すぐに別の市場に移って別の仕事を始めることはなかなかできません。こういった一時的な変化があったとき、すぐに対応することはできないわけです。

これを「短期」と呼びます。短期といっても、割と長い期間にわたることももちろんあります。この短期の理論を、現代の経済学では便宜的に「ケインズ理論」と呼んでいます。ですが、これは実際にケインズが述べた理論ではありません。

これに対して「長期」とは、こういう調整が全部終わった後です（ですから、時間的な長さを基準に「短期」「長期」と呼んでいるわけではないことに注意してください。調整が長引けば、短期がかなりの長さにわたる場合もありえます）。

たとえば、サービス業の方が別の産業に移ったり、価格がジリジリ上がったり下がったりして、「このくらいが潮時でしょう」というくらいになったときの状態のことを指す理論として、「新古典派」

という言葉を使っているのです。

これは「新古典派」と「ケインズ派」というグループがあるというより、便宜的な呼び名の問題で、しかも現実の「1870年代以降に実在した新古典派」とはあまり関係がありません。

ある意味では、実際の新古典派の考え方を少し戯画化したものが今、使われているともいえるでしょう。「現実にあるもの」というよりは「そういうもの」だということです。

現実の新古典派は、ガチガチの考え方をしていたわけではなく、「自由放任ではなく、必要なことは規制する」という、むしろ非常に常識的な考え方をしていたというのが実態です。

## 穏健なケンブリッジ学派、数理的分析を好むローザンヌ学派

「新古典派の具体的なグループ」には、ケンブリッジ学派、ローザンヌ学派、オーストリア学派などがあります。細かいことを説明すると大変なので、簡単に紹介しましょう。

「限界革命のリーダーたちのグループ」といえるのが、マーシャルのつくったケンブリッジ学派です。マーシャル、それからマーシャルの弟子であったピグーや若い頃のケインズなどが代表です。

マーシャルは、「価格は短期と長期では分析の仕方が異なる」と考えました。「短期的には需要が価格を決めている要素が大きいけれども、長期的には供給要因がより重要になる」といった価格の分析など、今日のミクロ経済学の基本をつくったのが、このグループです。

アルフレッド・マーシャル
(1842年〜1924年)

彼らは、貨幣数量説を洗練させたものを持っていましたし、非常に穏健な考え

**■新古典派経済学（2）**

10ⓂTV テンミニッツTV Liberal Arts & Sciences

**マーシャル（英）らのケンブリッジ学派：**

価格の決定要因を長期、短期の時間的視野で分析する手法を開発。
今日のミクロ経済学の基礎を築く。
市場の失敗とその対処法を研究したピグー（英）や、若き日のケインズ。

**ワルラスらのローザンヌ学派：**

一般均衡分析を中心とした数理的分析を得意とする
ワルラス、パレート（伊）らのグループ。

方をした人たちです。

ピグーは「市場の失敗」という現象を分析して、たとえば「環境汚染に関しては課税することによって対応することが必要だ」といった、ごく常識的なことをいっている人です。自由放任でもなんでもないのです。

アーサー・セシル・ピグー
（1877年～1959年）

ローザンヌ学派とは、簡単に説明すると、ワルラスや後継者だったパレートといった人たちがそうですが、数理的な分析を洗練させた人たちです。

不思議なのですが、フランスの経済学

レオン・ワルラス
（1834年～1910年）

ヴィルフレド・パレート
（1848年～1923年）

者は（第２講で紹介したケネーからしてそうなのですが）、一般均衡的な発想が好きで、しかも数学的な抽象的なモデルが好きな学者が結構多い。彼らはどちらかというと、思想家というよりもエンジニアのような人たちです。

ローザンヌ学派は確かに非常に優れた、現代でも使っている概念を生み出しています。

## 新古典派では特殊なオーストリア学派、一番面白いのはメンガー

メンガーらのオーストリア学派ですが、新古典派のなかでは非常に特殊です。

まず、おそらく普通の方が読んで一番面白いのはメンガーです。マーシャルも読めるとは思いますが、ワルラスは正直、読むのはすごくきついと思います。限界革命のもう１人の立役者であるジェボンズ（彼は特に学派はつくりませんでした）も、あまり読みやすいとはいえません。

メンガーは哲学的な分析を重視していて、限界効用の概念においても哲学の観点から分析しているのです。

数学に関して、メンガーは息子がとても有名な数学者です。父親も息子も名前がカール・メンガーで、父親が「Carl Menger」、息子が「Karl Menger」と綴りが違うだけなので非常に混乱しやすい。父親のメンガーも数学がわからなかったわけではないと思いますが、「本質的なことは数学ではなく、哲学によってわかるのだ」という主張をしています。

カール・メンガー
（1840年～1921年）

メンガーは、「経済というものは、（古

■新古典派経済学（3）

10ⓂTV
テンミニッツTV
Liberal Arts & Sciences

メンガーらのオーストリア学派：

数理的分析より哲学的分析重視で、自由主義の傾向が強い。他の２つとは異質。

創始者のメンガー、ヴィーザー（限界効用という言葉を作った）、
ベーム=バヴェルク（労働価値説の破綻を指摘）、
シュンペーター、ミーゼス、ハイエク（後述）。

**現在も市場重視、独自の景気循環理論や演繹主義の立場をとる現代オーストリア学派があるが超傍流。**

典派や新古典派もそうですが）基本的には自発的な交換のメカニズムによって成り立っている。政府が変な介入をするよりも自由にやらせたほうがいい」という強い信念を持っていました。ドイツ歴史学派のように「法則がない」などという考え方には強く反対して、激しく論争をしました。

メンガーの弟子たちは、全員がそうではないのですが、急進的な自由主義の考え方を取っている方が多くいます。

「限界効用」という言葉をつくったヴィーザーは思想性が希薄ですが、重要な貢献をしています。それから、労働価値説が間違っていることを徹底的に証明したベーム＝バヴェルクも優れた経済学者です。彼の書いたものを読めば、「マルクスなどの労働価値説がどうして間違っているか」は、ほぼわかります。

オイゲン・フォン・ベーム＝バヴェルク
（1851年～1914年）

それからヴィーザーやベーム＝バヴェルクの弟子のミーゼスやハイエク、シュンペーターがいます。この方々については、第11講でお話しします。

## 資源の配分は限界生産力によって決まっている

新古典派経済学についても、右ページの７つの項目で整理してみましょう。新古典派経済学と古典派経済学を比べると、上の３つまでは一緒ですが、４つめ以降は変わってきます。

新古典派経済学は限界革命によってできた経済学ですから、④の価格の説明が「労働価値説」に代わって「限界効用理論」になりました。

同時に、社会が発展するにつれて、どんどん世界が豊かになってきたわけです。これによって、⑤で挙げられてきた「労働者が豊かになっても、すぐ人口が増えて、また貧乏に戻るだろう。だから労働者は永久に貧乏なのだ」というマルサス『人口論』の主張が間違っているのではないかということが、誰の目にも明らかになってきました。

限界効用理論と同時に出てきた限界概念によって経済を説明する理論のなかに、「限界生産力理論」があります。

これはどういうことかというと、たとえば労働者のケースでいえば、さらに追加的に労働者を１人雇ったときに生産がどれだけ増えるかを「限界生産力」といいます。「追加的にさらに１単位、生産要素を増やしたときに、その生産要素がどれだけ生産を増やすか」ということを「限界生産力」というのですが、この「限界生産力」によって、その生産要素の価格が決まる。労働者の場合なら賃金が決まる、という考え方が出てきます。

これはある意味、当たり前のことで、企業にとって労働者を雇う価値があるかどうかは、当然、その労働者を雇ったことによってどれだけ生産が増えるかということに依存しているわけです。だから、生産性によって最終的に賃金が決まってくるということです。

■ケインズ革命以前の新古典派の基本的特徴（1）

10ⓂTV テンミニッツTV Liberal Arts & Sciences

①自由な市場取引、自由貿易は原則として望ましい。

②貨幣数量説：貨幣は長期的には中立だが、短期的には景気に影響。

③資本蓄積の強調：豊かさの源泉は資本蓄積である。

④限界効用理論：相対価格は限界分析で分析でき、
需給の相互作用によって決まる。

⑤持続的経済発展：労働者の生産性が高くなれば、所得も増える。
事実、労働者の生活水準は次第に上昇。
マルサスの人口論やマルクスの労働者窮乏化理論は根拠がない。

⑥所得分配は生産要素に基づいて限界生産力理論によって分析。

⑦短期的には何らかの理由で不況が起きるが、
長期的には自然に解消。

こう考えると、労働者の生産性が上がってくれば、企業は高い賃金を払ってもいいわけです。別に何も損をしませんし、むしろ労働者も企業も、両方が得をします。生産性の高い労働者を雇ったら、企業も得をするわけです。

そうなってくると、「労働者が絶対的に貧しい水準でとどまっていなければいけない必然性はない」ということがわかってきたのです。

事実の問題として、そもそも『人口論』は当てはまっていないということが先なのですが、「限界生産力理論で考えたら、労働者も豊かになれる」とわかってきたので、⑤が「持続的な経済発展ができる」という考え方に変わります。

⑥は、ある意味では同じことです。古典派経済学には「労働者、資本家、地主という階級があり、この階級は固定的に決まっていて、このなかで社会が動いている」という発想がまだありました。マルクス主義の人たちには今もありますし、ケインズ経済学でもポストケインジアンといわれるグループは、これを信じています。

しかし、社会がどんどん流動的になってきて、「労働者でも成功して、それなりの資本を持っている人がいる」という状態になってきました。土地を持っている人だっています。

所得を階級によって判断する、所得分配を階級で考えるということは、現実に合わないわけです。

この部分も、先ほど見た「限界生産力」の概念によって所得分配を考えるという方向に話が変わってきます。というか、資源の配分は限界生産力によって決まっているという発想に変わってくるわけです。

このあたり、現代的で新しくなっているところが、新古典派経済学の考え方です。

## 景気変動の問題と貨幣の関係

新古典派経済学は、ほぼ数学的にも洗練されたモデルになって、20世紀の初めには完成を見ました。だいたいの人は大恐慌が起こるまでは、非常に満足していたのです。ところが１つだけ欠陥がありました。それが⑦の景気変動の問題です。

要するに、「何が景気を変動させるのか。どうして景気が悪くなったり、良くなったりするのか」について、新古典派のなかでも今一つ統一見解がなかったのです。

１つには、「やはり貨幣が大事ではないか。貨幣的な要因が景気変動を起こすから、貨幣を安定させればいいのではないか」という発想があります。

アーヴィング・フィッシャー
（1867年～1947年）

アーヴィング・フィッシャーというアメリカの経済学者がそうですが、この発想は古典派に古くからある考え方です。ヒュームやリカード、セーの時代からある発想を洗練させたものです。

■ケインズ革命以前の新古典派の基本的特徴（2）

10TV テンミニッツTV Liberal Arts & Sciences

→景気変動の原因には合意がなかった

貨幣的な要因が景気変動を起こすので貨幣を安定させればよいという
フィッシャーの貨幣的景気循環理論、

金融緩和がバブルを起こすとするオーストリア学派の理論、
（ミーゼス、ハイエク）

技術革新の波で景気変動が自然に起きるとするシュンペーターらの理論、

などがあった。

こういう考え方があった一方で、「いや、そうではない」という考え方がありました。

１つは、「（同じように）貨幣が問題だが、貨幣の量が変動することによって景気変動が起こるのではなく、貨幣が間違った部門に注入されることによって問題が起こるのだ」「金融が緩和的な状況になるとバブルが起こってしまう。このバブルが崩壊することによって景気が変動するのだ」という理論です。これは特にオーストリア学派の人たち（ミーゼスとハイエクなど）が唱えました。

もう１つは、「いやいや、貨幣などというのは表面的なものだ」「そうではなくて、技術革新の波によって景気変動が起こるのだ」というものです。これはシュンペーター（オーストリア学派ですが、他の人たちとはやや意見が違っていました）が唱えた理論でした。

これは「技術革新の波は何が起こすのか」という問題の答えがないので、実はいまひとつな理論なのですが、現代でも人気のある発想です。

大雑把に分けて、景気変動についてこの３つの理論が新古典派経済学のなかで並存していました。1929年からの大恐慌で、この真価が問われることになるわけです。

## コラム　クールヘッド＆ウォームハート

もともと、「古典派」という名前はマルクスが自分より前の正統派の経済学者につけたレッテルです。「新古典派」という名前も、マーシャルに対して、アメリカ制度学派（人間の経済行動は合理性よりも社会的要因〈制度〉に左右されると考える経済学者のグループ）の経済学者ヴェブレンが揶揄（やゆ）する意味で使ったレッテルでした。ヴェブレンは、効用を重視する理論は利己的な人間を前提とする浅はかな経済理論だと主張し、マーシャルを批判しました（ヴェブレンは、ブランドなどの見せびらかしのための消費〈顕示的消費〉の研究で有名です）。

しかし、こうした批判は実際の新古典派経済学者の著作を読み解けば、誤解であることがわかるでしょう。マーシャルは、ケンブリッジ大学の教授就任講演で、経済学を志す者の心得として、「冷静な頭脳と、温かい心」の大切さを説いています。彼は経験的研究を重視し、古典派や歴史学派の研究も評価すべき点は評価しました。

マーシャルの弟子のピグーは、市場の失敗とそれに対する対策を徹底的に研究した経済学者です。ケインズの陰に隠れてしまっていますが、マーシャルを継ぐ新古典派経済学の代表者です。汚染物質の排出に対して課税することで市場の失敗に対処する政策はこの政策を考案したピグーにちなんで「ピグー税」と呼ばれています。ピグーは『厚生経済学』（1920年）で次のように述べています。

「経済学者がやり遂げようと努力している複雑な分析は単なる鍛錬ではない。それは人間生活の改良の道具である。我々を取り巻く悲惨と汚穢（おわい）、数百万のヨーロッパ人の家庭において消えなんとする希望の焔……、多数の貧困家族を覆う恐るべき不安、これらのものは無視するにはあまりにも明白な害悪である。我々の求める学問によってこれを制御することは可能である。暗黒から光明を！　この光明を探し求めることこそは、『政治経済学という陰鬱な科学』がこの学問の訓練に直面する人々に向かって提供する仕事であり、この光明を発見することは、おそらくその褒賞であるのである」

こうした言葉から冷酷な学者の姿は到底浮かんでこないでしょう。マーシャルやピグーの経済学は今日のミクロ経済学の基礎です。

ちなみに経済学をもともと「政治経済学（political economy)」と呼んでいたのですが、マーシャルの『経済学原理（Principles of Economics)』以来、経済学（economics）という呼び方が定着します。

第8講

# 1929年世界大恐慌の真実

## 貨幣数量説と大恐慌‥大恐慌の本当の原因はFRBのミスだった

よく知られているように、1929年から大恐慌が始まってしまいます。はたして、大恐慌はどうして起こったのでしょうか。大恐慌の原因を知るためには、貨幣と物価、景気の関係を明らかにした「貨幣数量説」を理解する必要があります。かつては大恐慌は資本主義の不安定性を示す証拠だと考えられていました。しかし、後に研究が進むにつれて、大恐慌の背景には貨幣の量の激減を放置した金融政策の失敗があったことがわかってきたのです。第8講では大恐慌の舞台裏を解説します。

## 「貨幣数量説」の重要なポイントは「短期的な影響」の大きさ

第８講では、いよいよ1929年からの大恐慌について考えていきます。

まずは、その下準備として、大恐慌を理解するうえで不可欠な「貨幣数量説」について、これは第４講でも取り上げていますが、あらためて復習しておきたいと思います。

「貨幣はどういうものか」ということは、非常に古くから論じられていました。また「貨幣が物価や景気に関係があるのではないか」という発想は、本当に古いものです。古代や中世にもこれがわかっていた人がいるくらいです。

ニコラウス・コペルニクス
(1473年～1543年)

実はコペルニクスは、生前は天文学者としてよりも、むしろ経済学者として有名だった人で、貨幣を安定させるにはどうしたらいいかと国王から諮問を受けたりしています。

日本では「貨幣数量説」ということが多いのですが、英語での表記は「quantity theory of money」となっていて、「theory」ですから本当は「理論」と訳したほうがいいと私は思っています。

デイヴィッド・ヒューム
(1711年～1776年)

古くからあったこの考え方を、現在ある形に近いものに洗練したのがヒュームです。ヒュームはアダム・スミスの友人でもあった人です。

さらにその後、「限界革命」のジェボ

■貨幣数量理論（貨幣数量説）（1）

10Ⓜ TV
テンミニッツTV
Liberal Arts & Sciences

物価の変動や景気の変動はなぜ起きるか？
天文学者コペルニクス（ポーランド）をはじめ古くからある。

18世紀のカンティロン（仏）、ヒューム（英）が洗練。

19世紀にジェボンズ（英）、マーシャル（英）、フィッシャー（米）、
ヴィクセル（典）らが完成。

ンズ、マーシャル、さらに貨幣数量説の専門家として非常に有名なフィッシャー、それからスウェーデンの経済学者ヴィクセルといった人たちが完成していきます。

この理論は、2つの柱があります（次ページの図表参照）。

1つは、「貨幣は長期的には中立的」ということです。物価は、長い目で見ると貨幣の量によって決まっている。過剰に貨幣が供給されるとインフレになるし、供給が少なすぎるとデフレになる。だから、重商主義者がいうように貨幣を貯め込んでも、豊かにはならないわけです。生産量を決めているのは、生産技術や資本蓄積など、実物的な要因だということです。

貨幣数量説というと、この①「長期の

ウィリアム・スタンレー・ジェボンズ
（1835年～1882年）

アーヴィング・フィッシャー
（1867年～1947年）

■貨幣数量理論（貨幣数量説）（2）

①**長期の貨幣の中立性**：物価は貨幣量で決まる。
過剰な貨幣供給はインフレを招くだけ（過小な貨幣供給はデフレを招く）で、貨幣を貯め込んでも豊かにならない。
生産量を決めるのは生産技術や資本蓄積など実物的要因。

②**貨幣的景気循環理論**：貨幣の増加は一時的に景気を刺激し、貨幣の減少は景気を悪化させる。貨幣の変動が景気を変動させる。
「景気循環の大部分はドルのダンスだ」（フィッシャー）

貨幣の中立性」だけだと思っている人が多いのですが、それは勘違いです。①だけを唱えた貨幣数量説の支持者はいません。

重要なのは②「貨幣的景気循環理論」です。貨幣の変動が短期的にはすごく景気を変化させてしまうのです。

クヌート・ヴィクセル
（1851年～1926年）

貨幣が予想外に減少して、人々の手持ちのお金が少なくなったら、今の価格では取引がうまくいきません。貨幣の量が減ってしまうと、今までの貨幣の量を前提にしていた価格は、すべて高すぎる価格になってしまいます。

そうすると、ものが売れなくなって、景気がどんどん悪くなってしまう。値段が下がって適切な価格になるまでには時間がかかりますから、その間にたくさんの人が失業し、経済が落ち込んでしまいます。

逆に、貨幣の量がものすごく多くなれば、過剰に貨幣を持っている人たちは皆、それで買い物に出かけることになります。そうすると、ものの値段が今のままだと、飛ぶように売れるわけです。

しかし、飛ぶように売れていても、そのうちに生産の限界に突き当たって、だんだんと価格を値上げせざるをえなくなってくる。

長期的に見れば適切なところに落ち着くわけですが、このような短期的な変動の影響は、景気に対して大きな影響を与えます。貨幣数量説の一番重要な点は、実はここなのです。

ヒュームもこの点をきちんと指摘していましたし、フィッシャーは「景気変動の大部分はドルのダンスだ」といっています。フィッシャーが「ドルのダンス」というのはアメリカの経済学者だからですが、どういうことかというと、「ドル（＝貨幣）の変動が起こることによって、経済がおかしくなってしまう」ということです。

だから、多くの経済学者は貨幣の量を安定させれば経済が安定するはずだと思っていたのです。

## なぜ大恐慌が起きたか

この考え方に基づけば、貨幣を安定させれば景気は安定するはずです。アメリカの中央銀行――「FRB」とわれわれは呼んでいますが、アメリカでは「FED」と呼ぶことが多い――は、貨幣数量説的な考え方に基づいて、「景気を安定させるためには貨幣の安定が必要だから、そういうことをやる中央銀行をつくりましょう」という発想で設立されたのです。第一次世界大戦後のFRBは、きちんとそういう政策をやるのだといっていました。

ところが、「やっていたのに、うまくいかなかった」という話が出てきます。それが大恐慌だったのです。

当時、FRBは「われわれが貨幣を安定させるべくきちんとやっていたにもかかわらず、恐慌が起こった。防げなかった」とさんざんいったので、経済学者も含む多くの人がそう信じてしまいまし

**■金融政策は本当に無力だったのか？**

10ⓂTV
テンミニッツTV
Liberal Arts & Sciences

大恐慌は貨幣量が激減したためだった（次ページ）。
　　↓
ヴァイナー（米、カナダ）らシカゴ学派の経済学者や、
フィッシャー（米）らは、大恐慌も貨幣量の減少による不況という
古典派的な考え方で説明できると指摘。
　　↓（しかし）
FRBは「金融緩和を続けたにもかかわらず深刻な不況になった」と主張。
→古典派的説明は信用を失い、ケインズ理論が優勢に。

だが、本当にそうだったのか？　後にミルトン・フリードマン（米）と
アンナ・シュウォーツ（米）が当時のデータや歴史的資料を分析し、
FRBのミスによって大恐慌が起きたことを明らかにした。

た。

ですが実際には、そうではなかったし、それに気づいていた人もいました。

ミルトン・フリードマンの先生に当たるジェイコブ・ヴァイナーや、フランク・ナイトといった経済学者は、「いやいや、FRBはきちんと仕事をやっていない」と指摘していました。あるいはフィッシャーもそうですが、「きちんと仕事をしてくれ。金融緩和をしなければいけないのに、何をやっているのだ」といっていた人たちは、当時もいたのです。

けれども、当時は明確な証拠がなく、またFRB内部の意思決定がどうなっているのか、皆、わからなかったのです。FRBが「いやいや、もう何もできないのです」としつこくいうものだから、皆、なんとなくその説明を信じてしまったのです。

すると、「貨幣数量説の主張が成り立っていないではないか」ということになり、古典派経済学的な説明が信用を失ってしまったわけです。

それで、貨幣数量説以外の発想がもてはやされるようになります。つまり「バブルが起こったので景気が崩壊したのは必然で、あ

る意味で天罰なのだ」といった発想、あるいは「こういうものは政府が防がなければどうしようもない。金融政策は無力なのだ」というような考え方です。

そのような発想のほうが強くなって、結局、最終的にはケインズ革命につながっていき、しばらく貨幣数量説的な説明は主流から外れてしまうわけです。

## 大恐慌のスタートは「株価暴落」ではなかった

もちろん後年、「本当にそうだったのか」ということが問題になりました。そして、フリードマンとアンナ・シュウォーツというアメリカの経済学者の1963年の研究によって、「実は大恐慌は、貨幣が無力だったせいではなかった」ことが、明らかにされました。

彼らは当時の政策を分析するために、FRBの内部資料を調べました。すると、当時のFRBは、派閥の対立というどうしようもない理由でまともな意思決定ができなくなっていたことが見えてきたのです。

しかも、金融緩和を行なったときにはきちんと効果があって、景気は一時的ですが回復しています。最終的に、貨幣の量が増えるような金融緩和を続けた結果、景気が回復しているということを、彼らは解明したのです。

ミルトン・フリードマン
(1912年〜2006年)

次ページで示しているのは1925年から1940年の、貨幣の量、名目GNP、実質GNP、GNPデフレーター(物価)を、単位が違うので指数で合わせて図で表したものです。

貨幣の量を示す線を見れば一目瞭然で

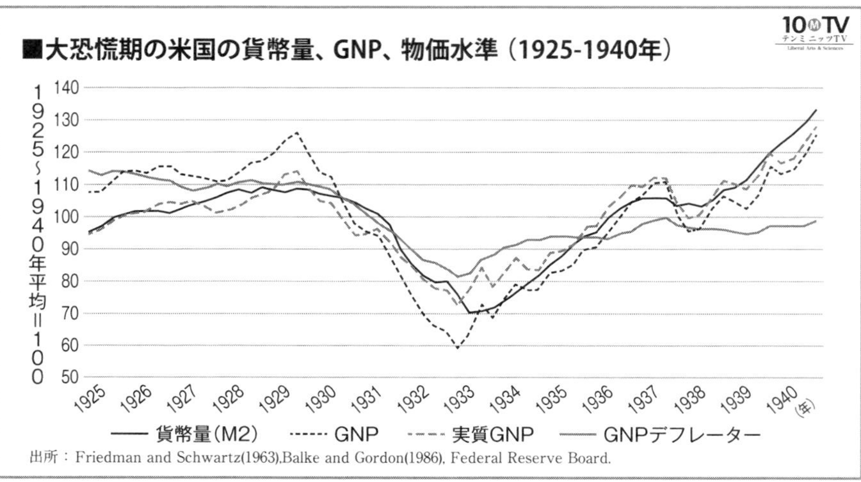

出所：Friedman and Schwartz(1963),Balke and Gordon(1986), Federal Reserve Board.

すが、FRBは「貨幣の量をきちんと管理している。きちんと安定させている」といっていたわけですが、安定しているどころではなかったわけです。

1929年の大恐慌は株価の大暴落がきっかけだとよくいわれますが、本当はこれが決定的な要因ではありません。実は株が暴落する前、1929年８月頃からすでに景気後退が始まっているのです。しかも猛烈な景気後退です。

実は景気が急激に後退しているさなかに高すぎた株が下落しただけで、これ（株価大暴落）が出発点ではなかったのです。

当時、FRBはバブルが起こっていることを心配して、かなり派手な金融引き締めを始めていました。その金融引き締めとは具体的に、金利の引き上げと、FRBが出しているマネタリーベースといわれる（この図表で示しているのは広い貨幣の量ですが、そうではなく）中央銀行が発行する貨幣の量を大幅に減らすような政策を取っていたのです。

「バブルを潰すために金融引き締めをするのは、本当は変ではないか」という意見が当時もありました。しかし、「バブルが一番悪い」という、先ほど紹介したオーストリア学派的な発想に押し切られてしまいました。

それでFRBが厳しすぎる金融引き締めをした結果、景気が崩壊した、というのがまずスタートだったのです。

それが株価大暴落の前の時点から起きていた。そのため、すでにかなり景気後退が強くなっていたところに、とどめの一撃となったのが株価の暴落だったということです。

## FRBがやるべきことをやっていなかった

株価が暴落した当初、FRBは多少対応しようとしたのですが、「そもそも今まで景気を貨幣によって安定させるといった考え方をしていたのが間違っていたのだ」という変な考え方に、FRB自身が毒されてしまいました。

加えて、FRBのリーダーシップが全然なかったのです。恐慌のさなかに誰がトップになるか派閥争いに明け暮れていたのです。ニューヨーク連邦準備銀行（ニューヨーク連銀）は本来、優秀なのですが、有能なトップだったベンジャミン・ストロングが亡くなってしまい、指導者不在でした。

さらに、銀行取付が起こったときはそれを防ぐ義務があったにもかかわらず、FRBは起こってもそれを防ごうとしなかったのです。「取付が起こって銀行が潰れるのは、自分が悪い。当然だ。そんなものに貸し出しなどするか」と。信じられないことに、できたはずの貸し出しをFRBはしなかったのです。これは、日本の昭和金融恐慌のときの高橋是清とは大違いです。

ベンジャミン・ストロング
（1872年～1928年）

これはおかしいのではないかと思った

大恐慌:取り付け騒ぎで銀行に殺到する群衆

人が多少はいました。FRBは実は地域ごとに違っていて、アトランタ連邦準備銀行（アトランタ連銀）ではきちんと金融緩和をしようとしていたのです。

アトランタ連銀が管轄していた場所では、銀行取付が起こったときにアトランタ連銀が貸し出しをしました。他の連銀はどこもやらなかった。そして実は、アトランタ連銀の管轄区域だけ景気がいいのです。

ミシシッピ州は、アトランタ連銀の管轄区域と、セントルイス連邦準備銀行（セントルイス連銀）の管轄区域とにわかれていました。ミシシッピ州のアトランタ連銀管轄区域は、セントルイス連銀が管轄して「銀行が潰れても知らん」とまったく貸し出しをしなかった区域とは違い、銀行倒産がずっと少なく、景気も良かったのです。これはその後の研究でわかっていることです。

つまりFRBは、本当はこれほどひどい恐慌になるのを防ぐことができたのに、ちょっとした景気後退を深刻な大恐慌にしてしまったのです。それがいろいろな資料の分析によってわかってきました。

だから現代では、大恐慌は、はっきりいって金融政策のミスだということがわかっています。そのことは、104ページの図表のグラフを見ると一目瞭然で、明らかに連動していることがわかります。

しかし当時、FRBは「やるだけのことをやっているけれども、どうにもならない」と責任逃れのようなことをいっていて、この責任逃れを、皆が真に受けてしまったのです。

だいたい当時のFRBは、1933年の最も景気がひどかったときに、「われわれのおかげで、もっとひどくなるのを防ぐことができた。われわれの能力が明らかに証明された」などという、わけのわからないことを書いているぐらいで、とにかく責任逃れの官庁だったのです。

## コラム　真正手形ドクトリン

大恐慌期のFRBの金融政策が無策だったのは、中央銀行家のあいだで根強い人気があった「真正手形ドクトリン」といわれる考え方も影響しています。これは、中央銀行は、投機目的ではなく、“本物の取引の必要”に応じて受動的に貨幣量を調節するべきだという考え方です。中央銀行が“本物の取引の必要”に合わせて発行された手形（真正手形）だけを買い入れることで、経済が安定するとされます。今でも、「日銀は資金需要がないときに金融緩和をすべきではない」といった考え方は人気があります（2013年に黒田東彦総裁が就任する以前の日銀の金融政策はこうした見方に強く影響されていました）。

しかし、こうした主張は“本物の取引の必要”とか資金需要とかいったもの自体が、金融政策の影響で変化することを忘れています。

たとえば、インフレで取引が活発なときは真正手形の発行量は増えますから、それに合わせて貨幣量を増やせば、火に油を注ぎ、インフレがますます激化することになります。

逆にデフレ不況で債券の発行が減少しているとき、それに合わせて貨幣量を減らし、金融引き締めをやってしまうと、ますます景気は悪化し、物価が下落することになります。歴史的に見ると、真正手形ドクトリンに基づく金融政策は、常にデフレ恐慌やハイパーインフレを招いてきた政策です。

この考え方は18世紀のジョン・ローやアダム・スミス（スミスも時には間違えます！）にさかのぼることができます。19世紀初めに、古典派のソーントンやリカードの決定的な批判で、真正手形ドクトリンは経済学者のあいだでは誤りとみなされるようになりましたが、中央銀行家のあいだでは依然として人気がある考え方でした。

FRBの金融政策を迷走させ、大恐慌を深刻化させた原因の１つは、FRBのあいだに蔓延していた真正手形ドクトリンの思想でした。当時のFRBでは、資金需要がなくて、使われもしないだろう不況時に信用を供与すべきではないといった意見が優勢で、デフレ不況下で貨幣量の減少を放置する政策を支持する意見が多かったのです。

第9講

# ケインズ、計画経済、オーストリア学派

## 大恐慌とケインズ…様々な「恐慌克服の処方箋」の真実を探る

1929年の世界大恐慌ではFRBの金融政策の失敗が明らかにされなかったため、「古典派経済学には限界があるのではないか」と皆が考えるようになってしまいます。そこで代わって台頭したのが、ケインズ経済学やマルクス主義、オーストリア学派でした。人々の関心はそちらに向くことになります。不況時に噴出した議論とは、いかなるものだったのでしょうか。当時の状況を解説します。

## 結局、ケインズの理論とはどういうものだったか

第８講で見たように、世界恐慌がひどくなるなかで、FRBはきちんとやっていると当時は信じられていましたから、それでもうまくいかないとなると、「これは新古典派を含めた古典派経済学的な発想がそもそも間違いなのではないか。市場経済はうまくいかないのではないか」という発想が強くなってきます。

その結果、ケインズ経済学やマルクス主義が、知識人や学生のあいだで一世を風靡するわけです。

ケインズ理論は、「経済全体の景気の変動要因は投資によって決まってくる」ということを主張したものでした。「市場経済は本質的に不安定性を持っている。その不安定性を克服するためには財政金融政策、あるいはもっと介入主義的な政策をどんどんやらなければいけない」というのが当時、ケインズの特に重要だと思われた主張です。

ケインズの『一般理論』の最後のほうでは、「投資の社会化」といって、投資の量などを政府が管理するという、かなり計画経済的な発想も出てきます。

ケインズ自身は、もともとどちらかというと貨幣数量理論が正しいと思っている人でした。しかし、大恐慌の当時の状況分析を受けて、「うまくいかない。もうダメなのではないか」となり、非常に介入主義的な方向に向かうわけです。

## 宣伝と実態は大違い…ソ連の「プロパガンダ」を信じた人々

一方、バブルが崩壊して景気が悪くなり、「そもそも市場経済はバブルが起こったり、景気が変動したりする非常に悪い体制だ」と

■不況・恐慌のインパクト（1）

- **世界大恐慌（1929~1933年）**：米国の実質GDPは3分の1も減少。失業率25%。
  英国をはじめとする欧州諸国でも深刻な不況が続く。
  ↓
  古典派経済学には限界があるのではないか
  ↓
  ケインズ経済学の登場とマルクス主義経済学の隆盛
- **J.M.ケインズ『雇用・利子および貨幣の一般理論』（1936年）**
  国民所得の決定要因の理論を提示したマクロ経済理論。市場経済の
  不安定性を指摘し、財政金融政策の重要性を指摘。
  マクロ経済学の誕生

いうことで注目を集めた経済学説もありました。

その１つは「市場経済なんてやめてしまえ」というマルクス主義です。1917年のロシア革命の後に成立したソ連は、マルクス主義経済学の実験場で、これが非常にうまくいっていると共産党員たちは盛んにプロパガンダを流しました。そして、多くの人がそれを信じたのです。

たとえば「ソ連では飢饉（ききん）が起こっていない」といわれました。しかし実際には大飢饉が起こって、かなりの人数が死んでいました。

特にウクライナでは、人々に必要な小麦などまで強制的に徴発して輸出に回す「飢餓輸出」がなされて、数百万ともいわれる餓死者が出ました。

また、カザフスタンでも農耕に向いていない土地で、農業の経験もない人たちに無理矢理に農耕をさせたせいで、人口の40パーセントが餓死しています。伝統文化の破壊と大虐殺です。もう滅茶苦茶だったのですが、当時、このようなことは誰も知りませんでした。

スターリンは「うまくいっている」と宣伝し、西側の知識人を豊作の村（実際はあたり一帯から穀物をかき集めただけだったのですが）に案内します。西側の知識人は「素晴らしい。大豊作だった」とい

ホロドモール：1930年代、ウクライナなど各地で共産党の過酷な強制徴発により大飢饉が発生し、数百万の犠牲者を出したといわれる。

って自国に帰っていく。大半の知識人が簡単に騙されました。「ソ連は不況を経験していない。素晴らしい経済計画で大成長している」といわれたのですが、実際はまったくのデタラメでした。

ヨシフ・スターリン
(1878年〜1953年)

当時のソ連は、西側の国から技術を輸入して発展していただけなので、西側が大恐慌で停滞した期間は、マイナス成長というほどではないですが、まったく成長していませんでした。ソ連も、景気変動と無縁だったわけではありません。ものすごく貧乏な国で、食料も足りていない。そもそも景気が悪いどころか、餓死する危険がある国だったのです。

ところが、当時の人たちは宣伝に騙されて、「うまくいっている」と信じてしまいました。

■不況・恐慌のインパクト（2）

10ⓂTV テンミニッツTV Liberal Arts & Sciences

知識人のソ連崇拝：マルクス主義経済学の理論上の発展は
ほぼなかったが、大恐慌以降、マルクス主義経済学の「恐慌論」と
ソ連の「計画経済」への注目が高まる。
1930年代のソ連は大成功と喧伝されていた（スターリンの情報統制で
悲惨な実態は隠蔽されていた）。

- オーストリア学派の傍流化：ハイエク（墺）やミーゼス（墺）、
シュンペーター（墺）たちの主張は清算主義。有効な処方箋を示せず
主流派から脱落。

これは実は、現在も同じことがいえます。たとえば新型コロナウイルス禍の時期には、「民主主義の国は新型コロナウイルスの対応に失敗した。権威主義の国は新型コロナウイルスにうまく対応できた」などということもいわれました。

基本的に民主主義の国では、いいたいことを何でもいえます。何でもいえるので、「うまくいっていない」と不安をいう人もたくさんいて、うまくいっていないように見える。

一方、全員がそろって「うまくいっている」と発言しているように見える国は、うまくいっているのではなく、恐ろしい国だと思ったほうが正しい。

実際、大恐慌の時期もそうだったのです。皆うまくいっているとナイーブに信じてしまいましたが、実際は情報統制と統計の操作で、まったく事実と違うことが報じられていたのです。現実には悲惨な独裁政治だったのに、ソ連はうまくいっていると思われて憧れの対象にさえなり、社会主義が注目を集めてしまったわけです。

日本でも、わざわざ当時、ソ連に渡って幸せな生活を送ろうとした人たちがいましたが、日本から来たスパイだとして銃殺されています。本当に恐ろしい話です。

## オーストリア学派も有効な処方箋を示せず

大恐慌の当時、もう１つ、残念ながら多くの国が従ってしまった「間違った処方箋」がありました。オーストリア学派の唱えた景気循環の理論です。

オーストリア学派では、ミーゼスとハイエクが「バブルが崩壊することによって景気が悪くなる。バブルが崩壊したときは生産の構造が歪む」と考えたのです。

「バブルで歪んだ生産の構造を直すために金融緩和をしたら、ますます構造が歪む。悪いものが生き残ってしまう。悪いものを生き残らせるのではなく、全滅させなければいけない。だから助ける必要はない。金融緩和を行なわないのは素晴らしいことだ」というのが、ミーゼスやハイエクの主張でした。

ルートヴィヒ・フォン・ミーゼス
(1881年～1973年)

助けてしまうと、結局、その矛盾を先延ばしするだけだという理屈ですが、これは今でも人気ある考え方です。

しかし、「矛盾を先延ばしするな」といっても、バブルで潰れた企業ももちろんありましたが、貨幣の量が激減して景気が悪くなることで、バブルと関係ない企業もバタバタと潰れていくわけです。何の罪もない人たちも失業して、たいへん悲惨な目に遭っている。そのような状況を放置するのはありえないと、誰だって思ったはずです。

フリードリヒ・ハイエク
(1899年～1992年)

ハイエクやミーゼスとはやや考え方が違ったのがシュンペーターです。彼は、「技術革新の創造的破壊の波があって、景気変動は必然的なものだ。企業が潰れるのは当然で、対策はいらない」と主張しました。実際には、創造的破壊というよりも、単に経済環境を含む社会全体が壊れてしまっているだけだったのに、それを放っておいてしまったのです。

ヨーゼフ・シュンペーター
(1883年〜1950年)

現代の研究では、むしろ生産的な企業もバタバタと潰れていて、まったく良くなかったことがはっきりとわかっています。また、「技術革新が停滞しているから、仕方がない」という主張は当時もあったのですが、実際にはこの時代は、映画産業、航空機産業、自動車産業、化学産業などいろいろな産業が大発展していて、技術革新の機会は豊富にありました。

実は技術革新は山のように起こっていたのに、経済政策が間違っているせいで経済が崩壊している状況だったのです。にもかかわらず、オーストリア学派はそれを認識し損なったわけです。

現代に生きるわれわれは、第８講で挙げたグラフで「明らかに貨幣数量が減っている」とわかります。しかし、当時はわからなかった。そのため、共産主義なり、オーストリア学派なりの主張が説得力を持ってしまいました。

しかし実際には、共産主義は恐ろしい問題だらけの体制です。一方のオーストリア学派も、経済が崩壊していくのを放置しなければいけないなどというのですから、結局のところは、まったく魅力的な選択肢ではありません。

こういった「共産主義もダメだ。でも、オーストリア学派的な発想もどうしようもない」という状況でケインズが出てきたら、皆、ケインズに飛びつきます。

かくして、ケインズ人気が高まるわけです。

## コラム ケインズ理論の大流行

米国のケインジアンの経済学者サミュエルソンは、ケインズ理論の急速な普及について、「南海の孤島の種族に初めて襲い掛かり殆ど全滅させた疫病のように思いがけない猛威を振るい、35歳以下の経済学者をとらえた」と評しています。実際、『一般理論』が出版されるや、カルドア、ヒックス、ラーナー、ハンセンといったそれ以前はオーストリア学派支持だった経済学者は、一斉にケインジアンに改宗しました。サミュエルソン自身も実はシュンペーターの学生ですが、オーストリア学派の徹底的な批判者でした。これは単なる偶然ではないでしょう。フリードマンは、ケインズ理論の急速な受容の背景として、オーストリア学派の恐慌理論の失敗を指摘しています。

「ロンドン・スクール・オブ・エコノミクス（注：当時はハイエク、ロビンズらオーストリア学派の大学）で支配的だった見方によれば、恐慌はそれ以前の好況の避けがたい結果だとされていた。恐慌が深刻化したのは物価や賃金の下落や企業の破産を防ごうとしたせいなのである。金融当局は暴落前のインフレ的な政策によって恐慌を招き、その後は“金融緩和”政策で恐慌を長引かせている。唯一の健全な政策は恐慌を放置し、貨幣的なコストを引き下げ、弱くて不健全な企業を撲滅することだというのである。

この陰鬱なイメージとは対照的に、ケインズの恐慌に関する解釈と恐慌を治療するための正しい政策に関するイギリス・ケンブリッジ（注：ケインジアンの牙城のケンブリッジ大学がある町）からやってきた教えは、闇夜を照らす一条の光のように思われただろう。ケインズ理論は、恐慌という病について、はるかにましで絶望的でない診断を下した。さらに重要なことに、より即効性があり、痛みが少なく、より効果的な財政赤字という治療法を提示した。若くて活発な寛大な精神の持ち主がケインズ理論にどれほど心惹かれたかは容易に理解できる」(Friedman [1972]、p.936)。

しかし、ケインズ革命で新古典派が全滅したかというと、そうではありません。第10講で説明しますが、実はオーストリア学派的政策を支持したのは古典派のごく一部です。優れた新古典派経済学者たちはすでに財政金融政策によるデフレ不況の阻止を唱えていましたし、戦後、ケインズ政策が極端なインフレを招くと、彼らの主張はあらためて見直されることになります。

# 第10講
# 「ケインズ政策」の誤解と真実

## ケインズ革命への誤解…真に独創的なのは、どの部分か？

不況の際は、政府の財政出動によって景気回復を図る。これがケインズの政策であり、1929年の大恐慌を救ったのはケインズ革命によるものだと一般にはいわれますが、実はこれは必ずしも正しい理解とはいえません。ケインズが本当に主張したことは何だったのか。真の独創性はどの部分だったのか。なぜ後世に誤解されるに至ったのか。論点を４つ挙げて考察します。

## 「ケインズ革命」は実は誤解されている

よく、「大恐慌を救ったのは、ケインズ政策だ」と説明されます。しかし、これは必ずしも正しい理解だとはいえません。有名なケインズの著作『雇用・利子および貨幣の一般理論』が発刊されたのは1936年です。イギリスでもアメリカでもこの頃には、すでに景気が回復しています。実は大恐慌と『一般理論』は、直接的な関係はありません。

ケインズが唱えた理論が、その後の経済学に大きな影響を与えたとして、「ケインズ革命」と称されることもあります。しかし、「ケインズ革命」は、実は難しいところがあります。

「ケインズ革命」についての一般的な理解は、次のようなものでしょう。

「大恐慌までは、自由放任主義の新古典派経済学が優勢だった。失業などは自発的なもので、本当に困っている人はいないと皆がいっていた。しかし大恐慌が起こって、そうではないことが明らかになり、ケインズが『自発的ではない失業はある』ことを証明した。さらに、公共事業を行なえば景気が良くなると主張した。そして、ケインズによってマクロ経済学がつくられた」

しかし、この理解は正しくないところが多々あります。

まず、第7講で見てきたように、新古典派経済学は、実はそれほどガチガチの自由放任主義者の集団ではありません。

大恐慌のときも、フィッシャーは「きちんと金融緩和すべきだ」と主張してい

ジョン・メイナード・ケインズ
（1883年～1946年）

■**ケインズ革命（1）**



ケインズ革命の何がすごいのか？
実は結構難しい。一般にいわれていることは、たいてい正しくない。

**①投資が景気を主導する**：それまでの貨幣や技術革新重視の
景気変動理論に対し、投資の変動が景気変動を起こし、
国民所得を変化させるメカニズムを分析。

**②非自発的失業（現行賃金で働きたいのに仕事がない、需要不足による失業）の存在を指摘し、政府介入なしには長期停滞に陥る可能性を指摘**：「古典派は不況は存在しないと言っていた」は事実に反するが、
不況はあくまで短期と考えていた。が、大恐慌は延々と続いた。
→ケインズは長期にわたる停滞の可能性を指摘。

ました。また、アメリカの新古典派のグループに「シカゴ学派」といわれるシカゴ大学を中心とした経済学者がいましたが、彼らも懸命に「公共事業を行なって、金融緩和をしなさい」と論じていました。また、ケインズの先輩学者であるピグーも「公共事業を行なうべきだ」といっていたのです。

皆が主張していたことであって、実はケインズの独創的な点は、そこではないのです。

「それまで、マクロ経済理論や景気循環の理論がなかった」というのも、明らかに正しくありません。

また、「市場が失敗するという発想をケインズが考えた」というのも事実ではありません。むしろ新古典派の経済学者たち（ピグーがそうです）は、市場が失敗する可能性を一生懸命、研究しています。これは現代の環境政策にも影響を与えています。

だから実は、ケインズについて一般的にいわれていることは、あくまで通俗的な理解で、あまり正しくないのです。

では、何が「ケインズ革命」なのか。

いろいろな異論があるとは思いますが、あえて簡単にいえば、ケインズは「景気を動かすのは投資だ」と主張したことが１つです。

それまで、景気を左右するものとして、貨幣の量や実物的な要因など、様々なものが挙げられましたが、ケインズは「投資が変化することによって、それに影響を受けた消費活動が変化して、経済が変動する。だから投資が経済のドライバーだ」と主張したのです。これは重要な発想でした。

ケインズ自身は、「投資をするかどうかの決定は南極探検の決定と同じで、うまくいくかどうかはわからない。企業家の挑戦（アニマルスピリット）だ」という趣旨のことをいっています。投資というものはかなり不安定だというわけですが、しかし、この「投資によって景気が動く」とまず説明したのが、ケインズだったのです。

## ケインズが述べた財政政策の真のポイントとは？

もう１つは、よくいわれる「非自発的失業」です。投資によって経済が動くということは、要するに、景気が不安定に動く可能性がある。それが「非自発的失業を生む」ということです。

これをケインズが発見したと、一般的には説明されるのですが、しかし、労働者が自発的でない失業をしていることは、新古典派経済学でもわかっています。それに初めてケインズが気づいたなどというのは、あまりにも単純化しすぎた理解で、事実ではありません。

たとえば、ケインズが古典派の代表と攻撃したピグーは、失業を次のように定義しています。「失業は、明らかに賃金労働者に仕事がない状態を全て含むのではなく、その一部を含むに過ぎない。即ち、彼らの観点から見ても、彼らのその時の（客観的な）状況からも仕事がない状態が非自発的な場合だけを含むのである」(Pigou、1914、14)。似た指摘はマーシャル（1890）にもあります。「大恐慌のさなかに古典派は失業者が自発的にレジャーを楽しんでいると主

■ケインズ革命（2）

10分TV テンミニッツTV Liberal Arts & Sciences

**③長期停滞から脱出する際の財政政策の重要性を指摘**
**（金融政策無効論の理論的可能性を指摘）**：財政政策はケインズが初めて主張したわけではなく、実は古典派経済学者も指摘。
（ケンブリッジ学派のピグー、シカゴ学派のナイト、ヴァイナー等）
ケインズは、金融政策は金利を通じて効果を発揮するとし、
金利が非常に低ければ金融政策は効果がなくなる理論的な可能性を主張（流動性の罠）。
ケインズ自身は金融、財政の両方をやればいいという穏健な立場。

**④市場経済の本質的不安定性と政府による経済管理を主張**：議論がわかれる主張。エリート主義的発想で政府万能論という指摘も。
ジョーン・ロビンソン（英）らケインズの弟子たちは金融政策無効論と政府万能論に。

張した」といった通俗的説明は誤りです。

「非自発的失業」は経済学の専門用語です。「自分では望んでいないのに失業している人」のことを意味するのではありません。そうではなく、「今の賃金で働きたいのに、経済全体の需要が不足しているせいで失業する人」のことです。

このような専門的な意味での「非自発的失業」の存在を指摘したうえで、ケインズは次のように主張しました。

「経済全体の需要が不足していて、皆が支出しようと思っていない。そのせいで仕事に就けない人が出てしまう。だから他の人が支出しない代わりに、政府が支出してあげたら就職できる人がいる」

この指摘は、ケインズの重要な論点です。

このような考え方を、新古典派経済学の学者たちがまったく否定していたかというと、実はそうでもありません。ただし、新古典派経済学の重要な主張は、「不況とはあくまで短期的現象で、長期的にはそれは解消されるはずだ」というものでした。

ケインズはそうではなく、「不況が長期的にいつまで経っても回復しない可能性がある」ことを指摘したわけです。つまり非自発的失業が延々と続く場合がある、と。

これがケインズ革命の重要なポイントです。つまり、「『長期停滞から脱出する手段』として財政金融政策が非常に重要だ」と主張したことが、マクロ経済学的な意味で、ケインズ革命の一番重要な点です。

## ケインズは金融政策の重要性も説いていた

よく「ケインズは財政政策の重要性を指摘した」といわれますが、実は『一般理論』で財政政策の話はそれほど出てきません（「投資の社会化」など、やや危うそうな単語は出てきますが）。

むしろ『一般理論』は、「金融緩和で金利を下げることが経済に影響する」ことを強調しています。「金利が低くなりすぎると金利を下げようがなくなって、景気がいつまで経っても回復しないかもしれない」ということもケインズは指摘しています。後に「流動性の罠」といわれるようになる考え方です。

しかし、ケインズ自身は「流動性の罠」を本当に信じたわけではなく、「そのようになってしまうのは、中央銀行が決然と金融緩和をしないからだ」と書いています。ところが多くのケインジアンは、これを「金融政策無効論」と受け取ってしまうことになります。

要するにケインズ自身の主張は、「金融も財政も、景気を回復させるためには両方やらなければいけない。長期停滞から脱出する手段として、その両方が必要だ」というものでした。

ここまでは、現代の経済学でも相当な程度、受け入れられている考え方です。「投資が実際に景気を主導しているか」という点は議論がありますが、「非自発的失業」と「長期停滞から脱出するときの財政政策の重要性」は、かなり支持されている考え方だといえます。

## 危うさも併せ持つケインズの発想…さらにその弟子

ここまでは、議論の余地はあってもわずかです。

ケインズの主張のうち、一番問題で、かなり議論の余地があるのが、「市場経済は本質的に不安定だ。停滞しやすいものだから、政府が常に管理しなければいけない」という発想です。

ケインズが住んでいたハーヴェイロードという通りの名前を取って「ハーヴェイロードの前提」などとよくいわれます。要するに次のような考え方です。

「エリートである政治家、あるいは官僚が経済を微調整して、いい場所にもっていく。そうすれば世界は良くなる。そのように正しい政策を知っている正しい人たちが政治を行なえばいいのだ」

ケインズには、どこかそういう発想をするところがあるのです。

これは当然ながら、かなり議論の余地がある危ない発想です。そのような「賢人」を誰が決めるのか。

賢人政治を望む人たちは、たいてい自分が賢人だと思っている人たちです。ケインズもそうです。

ソ連の共産主義計画経済もそうですし、ケインズのいう経済管理もそうですが、経済危機が深まったときに「賢人待望論」が出てきます。経済や社会は自然に任せるのではなく、わかった人がきちんと設計すべきである」という発想が出てくるのです。

こういった発想が人気を集める時代は、怖いものがあります。実は、ケインズ自身もかなり国家主義的なことをいっています。たとえば、ドイツ語版の『一般理論』も出ているのですが、ナチスドイツが政権をとったときにケインズが寄せている序文を読むと、非常に宥和(ゆうわ)的な書き方をしています。もちろん、訳者の身の安全を図ったこともあるとは思いますが、やや危ないところがケインズには事実、あったと思います。

ただ、ケインズ自身は、バランスの取れた人でもあります。彼は意見をコロコロ変えるという批判をよく受けるし、本人も「それの何が悪い」といっているのですが、変なところに突っ込むほどのことはやらないし、いいません。

しかし、彼の弟子たちのなかには、このバランスが偏っている人たちもいます。

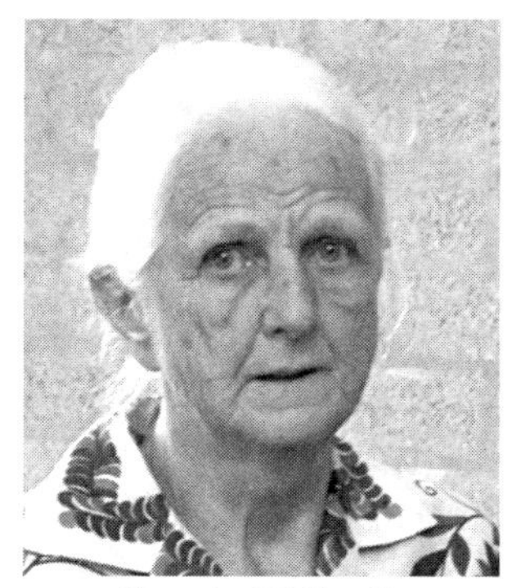

ジョーン・ロビンソン
（1903年～1983年）

たとえば、ジョーン・ロビンソンという学者がいます。『不完全競争の経済学』という本を書き、ミクロの理論で若い頃は優れた業績を上げ、ケインズ革命の紹介に努めた人物です。

ジョーン・ロビンソンは、北朝鮮や、毛沢東時代の中国を礼賛するなど、かなりマルクス主義に影響を受けていました。人民服を着て大学内を闊歩（かつぽ）していたという相当な変人です。

彼女は、「金融政策の無効論」などを、ケインズよりもはるかに強調して主張しています。また、「投資を社会化する」というケインズの発想に非常にこだわって、「政府が支出する中身を決めなければいけないのはもちろんだが、民間企業の支出の中身も正しくしなければいけない」という発想をするわけです。

しかし、「何が正しいか」を自分が決めるとなったら、これは独裁政治です。ジョーン・ロビンソンは「何が正しいかは自明だ」と思っていたようです。しかし、それは彼女から見た正しさであって、結局、個人の自由を抑圧する発想と親和的なのです。

彼女自身、北朝鮮や中国を礼賛していたくらいですから明らかにそうなのですが、そういう方向にどうしても行ってしまう。

ジョーン・ロビンソンほど極端ではなくても、ケインズの弟子のなかには、そのような主張をする系統もできていきます。「ポストケインジアン」というグループに分類されますが、ジョーン・ロビンソンやニコラス・カルドア、リチャード・カーンといった人たちがその代表です。こういう人たちは事実上、政府万能論のようなものにだんだん合流していくわけです。

### コラム 流動性の罠

金融緩和が長期金利を引き下げることができない状況を指す「流動性の罠」という言葉は実はケインズの『一般理論』にはありません。最初にこの言葉を使ったのはケンブリッジ学派の経済学者ロバートソンです（Robertson [1940]、p.34)。ロバートソンはケインズの友人でしたが、「流動性の罠」には懐疑的でした。

ケインズ自身、『一般理論』の17章では、低金利の下で「流動性選好（貨幣の形で資産を持ちたいという選好）が事実上絶対的となる可能性」を指摘していますが、あくまで理論的可能性で、「将来実際に重要になるかもしれないが、現在までのところでは私はその例を知らない」と述べています（Keynes [1936]、p.206)。流動性の罠のような事態が生じる原因について、ケインズが真っ先に挙げているのは「金融当局（中央銀行）自身の慣例から生じる制約」（Keynes [1936]、p.207）です。今もそうですが、中央銀行は、金融政策の対象を短期債の売買に限定する傾向があります。

ケインズは「事実、多くの金融当局が長期債券を勇敢に売買しようとしていなかった」と指摘し、短期債だけでなく、すべての満期の国債を指値で売買する金融政策を提案しています

(Keynes [1936]、pp.206、207)。2018年以降、日銀は長期国債を購入する量的緩和に加えて、短期金利と10年物国債金利を操作するイールドカーブ・コントロール（YCC）政策を実施していますが、これはケインズの提案した政策に近いものです。ケインズは今でいう非伝統的金融政策を考えていたのです。

　後世のケインジアンは、『一般理論』を金融政策無効論と誤解したのですが、ケインズは金融政策の有効性を強く主張しています。

「世間から実験的であるとか，容易に変更される可能性を持つと感じられるような金融政策は……失敗するだろう。一方、同じ政策でも、もしそれが合理的で実行可能で、公共の利益にかなうものとして世論に訴え、強い確信に根差し、簡単に変わらない当局によって推進されるならば，おそらく容易に成功するだろう。……どのような水準の利子率であっても、長続きしそうだと十分な確信をもって認められるものは長続きするであろう」(Keynes [1936]、p.203)。

第11講

# オーストリア学派の真実

## オーストリア学派…ミーゼス、ハイエク、シュンペーター

世界大恐慌の折に、「潰れるべきは潰すべき」だという清算主義的な主張をしていたオーストリア学派ですが、もう一方で、マルクス主義経済学の計画経済を厳しく批判してもいました。彼らは、「そもそも計画経済が可能なのか」という本質部分を鋭く衝き、その大きな弊害を説いたのです。また、企業家の役割や技術革新の意義についても、重要な問題提起を行なっています。現代の経済学でも取りあげられるオーストリア学派について、ここでは大きくミーゼス、ハイエク、シュンペーターの３人の主張を取りあげます。

## ミーゼスが提起した「そもそも計画経済は可能なのか」

オーストリア学派が大恐慌に際して、「この機に、潰れるべきは潰すべきで、助けるのは誤りだ」という清算主義的な主張をしたことは、第９講で見たとおりです。

しかしその一方でオーストリア学派には大きな功績もあります。

オーストリア学派は評価が難しい人たちです。ミーゼス、ハイエクは特にそうです。

彼らは「市場経済の重要性」をあらためて明らかにして、古典派的な発想の経済学には欠けていた「企業家や市場が知識を発見するうえで果たす役割」なども強調しました。シュンペーターの技術革新の話もそうですが、オーストリア学派の発想は現代の経済学にも大いに取り入れられています。

ルートヴィヒ・フォン・ミーゼス
（1881年～1973年）

ミーゼスは、「そもそも社会主義計画経済は可能なのか」という非常に重要な問題を提起した人です。

社会主義は全部が国営の社会です。全部が国営ということは、市場価格も何も存在しないわけです。もちろん国が価格を定めることは擬似的にはできますが、市場取引で決まる本物の価格は存在しません。ミーゼスはこういう経済は合理的な運営が不可能だと指摘したのです。

フリードリヒ・ハイエク
（1899年～1992年）

「消費者が何を欲しているか」についての判断は、「消費者が買いたいものが不

■オーストリア学派（ミーゼス、ハイエク、シュンペーター）（1）

ミーゼス、ハイエクによるマルクス主義経済学の
「計画経済」や「大きな政府」への批判。
↓
◆ミーゼス：市場がなければ、そもそも何が不足し何が必要なのか政府にも判断できない。社会主義の下では経済計算は不可能。
◆ハイエク：市場経済は分権的な意思決定で社会全体を改善できる有益な仕組み。計画経済は政府の権力を増大させ、必ず全体主義になる。
◆シュンペーター：企業の創造的破壊（技術革新）こそ景気変動と経済成長の源泉。

＊晩年のシュンペーターは資本主義の成功を理解できない知識人と官僚的経営者のせいで資本主義は滅亡し社会主義にとってかわられると悲観的。

共産主義の実験の悲惨な失敗を考えれば、市場経済の重要性を説く彼らの指摘は明らかに正しかった。

足するか、それとも余ってしまうか」でなんとかなります。

しかし原材料については、そう簡単にはいきません。原材料自体を欲しいと思う人はいません。全部が国営だったら、原材料の価値を判断できる方法はありません。つまり、たとえば鉄をたくさん使うべきなのか、アルミをたくさん使うべきなのかということは、すべてが国営だったら判断できなくなってしまうのです。

ヨーゼフ・シュンペーター
（1883年～1950年）

ミーゼスは「すべてが国営の社会は、価格は存在しないし、資源の価値は判定できない。だから合理的な経済計画など不可能だ」と指摘したわけです。

市場経済では、企業家が「こういうものを組み合わせたら、うまいものができるのではないか」「こういうものを組み合わせたら、新しい何かがつくれる」と新しい技術やアイデアを実現していくわけですが、政府がその代わりをすることはできません。

少数派の意見を、政府の官僚的な部会が「これがいい」と取りあげることは滅多にありません。取りあげたとしても、無茶苦茶なアイデアであることがままあります。そのアイデアが優れたものかどうかを、いったい誰がどう判断するのでしょうか。

失敗しても、誰も責任を取らないし、誰かが倒産するわけでもない。要するに、国営企業の経営者や社員は、何の責任も取らないわけです。損失が起こっても関係ないのです。そういった社会が豊かになるはずがない、というのがミーゼスの指摘だったのです。

これは当時の社会主義者にも衝撃を与えて、「どうしたらいいのか」と議論になったのですが、社会主義者は結局、「価格のようなものをつくればいい」という結論で落ち着きました。けれども、実際に競争している企業家がいないのに、価格のようなものをつくってもうまくいきません。だからソ連は結局、うまくいかなかったのです。

## 計画経済は「隷従への道」だと一蹴したハイエク

ミーゼスの弟子であるハイエクは、「そもそも計画経済は、全体主義になってしまう」と指摘しました。

これはミーゼスの論点を継承したものですが、計画経済で集められる知識はかぎられたものでしかありえません。個々の人が自分の持っている知識を生かして、自由に市場で行動したほうが、政府が全部の情報を集めようとして（大した情報は集まらないのですが）計画経済を膨大な手間をかけてやるよりも、よほど効率がいいわけです。

つまり、個々の人がバラバラに意思決定をして社会全体をうまくまとめる仕組みである市場経済を放棄したら、政府が全部を決定する仕組みになってしまいます。

計画経済とは結局、そういった仕組みです。多少、分権的に「地方で計画経済を行なう」などという発想をする人もいますが、それは結局、無理です。計画経済全体の整合性が取れなくなってしまうので、最終的にはやはり全体主義的、中央集権的になってしまいます。

ですからどうしても、計画経済を行なうと、意思決定を全部、中央の政府が行なうことになります。あるいは、とにかく意思決定をする人が、中央政府に集中します。

そうすると、その権力を目指して野心家が集まってきます。当然、非常に独裁的な政治家が最後は権力を握ってしまうのです。実際に歴史上、どの社会主義もそのような顚末(てんまつ)をたどりました。

マルクス主義の人たちも、計画経済を望む人たちもそうですが、「理想的な賢人が政治を行なう」と想定しています。あるいは「素晴らしい人たちが、皆で和気あいあいと政治を行なう」と。

しかし、現実にそうなったことは一度もありません。例外なく、すべて独裁になって、しかもスターリンやポル・ポト、毛沢東のような人たちが独裁者になるのです。

これは偶然ではありません。巨大な権力が中央集権的に決定される場所には、ひどい人間が集まってくるということをハイエクは主張しました。

ハイエクは計画経済のことを「隷従への道」だといっています。これが正しかったことは明らかでしょう。

## シュンペーターが指摘した「企業家の創造的な破壊」

ミーゼスやハイエクに比べると、シュンペーターは実は資本主義に対して、アンビバレントな態度を取っていました。

晩年は「資本主義はいずれ滅ぶだろう」と悲観的なことをいって

■オーストリア学派（ミーゼス、ハイエク、シュンペーター）（2）

◆ただし、大恐慌については、
ミーゼスやハイエクも「景気が良くなると必然的に恐慌になる」と
考えていた。
シュンペーターも、「恐慌はやむを得ない。創造的破壊の一種である」
と考えていた。
↓
これでは、普通の人に対する説得力がない。（どうしても傍流に）

います。「資本主義は大成功を収めたけれども、その資本主義の価値を理解できない知識人はますます社会主義的になるし、経営者も官僚主義的な人間が増えていき、資本主義の価値はわからなくなる。資本主義は成功を収めたがゆえに滅ぶのだ」とシュンペーターは書いています。そういう点ではニヒリスティックなところがあります。

しかしシュンペーターは、企業家の「創造的な破壊」の重要性を説きました。要するに、「今までの前提を壊すような革新が経済成長の源泉なのだ」といいました。

そういうものがない社会は停滞するに決まっている、と唱えたのです。これはまさに正しい指摘です。

ここでは、オーストリア学派の３人の主張を取りあげました。彼らの主張が確かに正しかったことは、ソ連の計画経済の失敗、あるいは社会主義的な政策を追求した戦後の国家——サッチャー以前のイギリスなどがそうです——の失敗を見ると明らかです。

であるにもかかわらず、オーストリア学派は、大恐慌については「悪いところは潰れればいい」という清算主義的な発想をしたために、普通の人たちは聞いていても希望が持てず、離れていってしまうことになりました。そのため、オーストリア学派は大恐慌をきっかけに傍流に転落していきます。

大恐慌、さらに第二次世界大戦を経て、世界が自由主義陣営と社会主義陣営とで東西分裂していくことを考えると、オーストリア学派の傍流転落は、一種の歴史の皮肉のような部分があるようにも思われてきます。

## コラム 企業家の役割

経済成長の原動力はイノベーションですが、イノベーションは自動的に起きるわけではありません。他の人々の気がつかない可能性に気がつき、不確実性が高いなかでも、いち早く行動を起こす企業家がいるからこそ、技術革新が起きるわけです。

ところが、奇妙なことに、イギリスの古典派経済学では、資本家、地主、労働者に注目が集まり、企業家の役割は軽視されがちでした。

フランスでは、カンティロンやセーなど、企業家の役割を重視した経済学者がいましたが、彼らの主張は少数派でした（「企業家（entrepreneurアントレプレナー）」という英語も、もともと英語ではなく、フランス語に由来する言葉です）。経済学では企業家は忘れられた存在だったのです。企業家の役割が正しく認識されるようになったのは、シュンペーター、ミーゼス、カーズナーといったオーストリア学派の経済学者の貢献によるところが大きいといえるでしょう。

レーニンのような社会主義者は、経営は簡単な仕事で、企業は単に労働者を搾取しているだけだと考えていました。ロシア革命の前にレーニンは『国家と革命』のなかで、経営は楽な仕事なので、社会主義を実現するには、武装した労働者が経営者にとって代わればいいだけで簡単だと書いています。

それに対して、オーストリア学派の経済学者は、企業家が効率的な経済活動に不可欠な役割を果たしていることを指摘しました。計画当局の官僚や社会主義共同体のメンバーは、事業が成功してもしなくても莫大な利益を得たり大きな損失を被ったりすることはなく、競争も働きません。政府が企業家の代わりをすることはできないのです。

実際、共産主義は官僚主義的な、きわめて非効率な経済体制でした。

第12講

# ヒトラーの経済政策への誤解

## 「ヒトラーの経済政策はケインズ的で大成功だった」は大嘘

「ヒトラーはケインズ的な政策でドイツ経済を復活させた」などと、ナチスの経済政策を評価するような言説が日本でもあふれています。しかし、これはとんでもない間違いです。では、当時のドイツの実情とは、いかなるものだったのでしょうか。実は、そこには恐るべき真実が隠されているのです。ヒトラーの経済政策への誤解と真相を解説します。

## ヒトラーの経済政策が「素晴らしかった」はまったくの誤解

大恐慌をめぐって、様々な議論がなされますが、ケインズ的な政策が良かったという一例としてよく取りあげられるものに「ヒトラーの経済政策」があります。

軍拡で軍需産業への発注をどんどん行なったり、アウトバーン計画のような公共事業を行なったりした結果、ドイツの経済は短期間に立ち直り、国民から圧倒的に支持されたとする主張です。

こういった言説が蔓延しているのは大きな問題です。

ヒトラーの政策は「その後は悪かったけれども、経済を復興させたことは素晴らしかった」などといわれることもありますが、この評価は本当に間違っているのです。

まず、ヒトラーが景気を回復させたのではありません。そうではなく、根本的な問題として、それ以前のワイマール共和国の政治家たちが無能すぎたのです。

彼らは金本位制の維持にこだわり、大量の銀行取付が起こっていても引き締め的な金融政策をずっと続けていました。先ほどのアメリカの例（第８講）とまったく同じで、貨幣が激減するのを放っておいたのです。

そのような政策が、景気を極端に悪くしました。そのためもあって失業者たちが絶望して、とてつもない過激な政党であるナチスや共産党などに投票するようになったのです。

要するに共産主義は、「金持ちに責任がある。金持ちこそ人民が困窮している

アドルフ・ヒトラー
（1889年〜1945年）
〔Bundesarchiv, Bild 183-S33882〕

■ちなみに、ヒトラーの経済政策は「ケインズ政策」で
それでドイツ経済を立て直したといわれるが……

10 TV
テンミニッツTV
Liberal Arts & Sciences

実際には大きな誤解！ ワイマール共和国の不況は、金本位制維持のため、
金融危機のさなかに金融引き締めを強行したことが原因。
ヒトラーが政権を奪取して以降の経済的な成果は単に貨幣量増加で説明可能。
アウトバーンはワイマール共和国時代から計画が進んでいた。
ナチスは成果を横取りしただけ。景気回復に独裁などまったく必要なかった。

ナチスの公共事業で失業解消？
→失業解消は、徴兵の強化や、専業主婦化を強要するキャンペーン、
ユダヤ人を迫害し職を奪って強制収容所に送ったことも大きい。
ナチス政権下の自給自足型計画経済や軍事優先政策で、
**戦争前から乳児死亡率は上昇、国民の健康状態は悪化の一途!!**
**反経済学・反自由主義は地獄への道。**

原因だ」という考え方です。

一方のナチズムは、「ユダヤ人という特定の人が陰謀を企んでいて、そのせいで人民は貧乏なのだ」という考え方です。

実はこの2つの陰謀論は、重なっている部分が少なくありません。

なぜかというと、ユダヤ系の人たちは、ドイツのなかでは裕福な人たちが比較的多かったのです。だからドイツ共産党も、反ユダヤ的なレトリックをこの時期に何度も使っています。

ナチスは、いうまでもなくユダヤ資本を排撃し、反ユダヤ的なレトリックを多用しました。「国家社会主義ドイツ労働者党」というナチスの正式名称に象徴されるように、当時の人々の偏見を取り入れた社会主義だったのです。

ヒトラーの時代に景気が回復した理由は非常に簡単で、それまで続けられた金融引き締めを止めたからです。それで貨幣が増えるようになったのです。

次ページの図を見ると、景気の流れと貨幣量の流れが、大恐慌時のアメリカの例とほとんど変わらないことがわかると思います。

貨幣量が劇的に減少し、景気が極端に悪くなった後に、貨幣量が

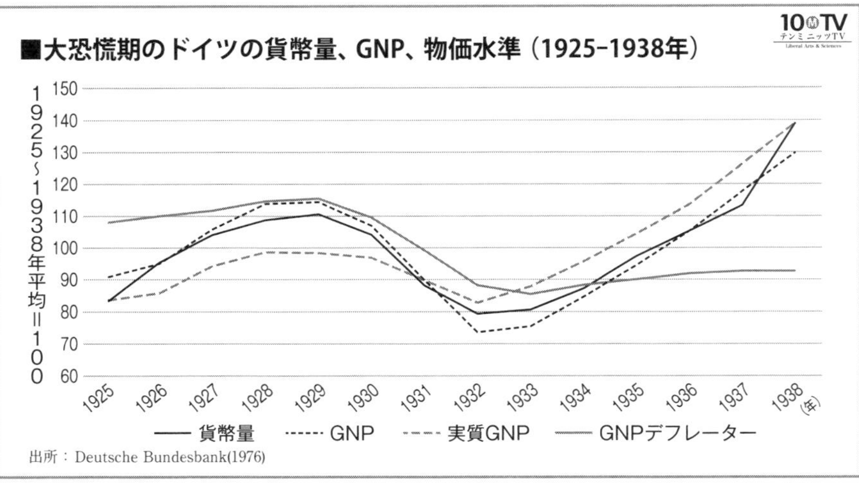

出所：Deutsche Bundesbank(1976)

増えていき、そのために景気が回復している。この流れは、ナチスドイツであれ、アメリカであれ、他の国であれ、どの国も一緒です。世界的に見ても、これはまったく同じなのです。

だから、「ナチスが何か神秘的な素晴らしいことをやったから、なんとかなった」という発想はまったくとんでもないこと、論外といっていいものです。基本的には、それまでワイマール共和国が無茶苦茶な金融政策を行なっていたのを、為替管理を導入して（これもあまりいいやり方ではないのですが）、金本位制を事実上、止めた。そこから景気が回復しているのです。

一般にいわれているように「公共事業をやったから景気が回復した」というものではないのです。もちろん公共事業をやっていることは事実ですが、しかし公共事業をやっていたとしても、金融緩和をしなければ景気は回復しなかったわけです。

## ドイツの失業率が激減したカラクリ

また、ナチスの大きな業績だなどとしばしばいわれるアウトバーンですが、アウトバーンはワイマール共和国時代にすでに計画があって、造りはじめていました。そもそも、政権獲得前まではナチスは高速道路の建設に反対していたのです。だから「アウトバーンがナチスの功績」などというのは、ナチスが自分たちの正当性を高めるために、自分たちが造ったわけではないものを横取りしただけの話です。つまり、一種のプロパガンダなのです。

アウトバーン(1943年撮影)
〔Bundesarchiv, Bild 146-1979-025-30A〕

ナチスの流したプロパガンダを真に受けている方は今でも大勢います。

たとえば、やや話がそれますが、ロスチャイルド家がナポレオン戦争のときにインサイダー取引のようなことを行なったり、「ナポレオンが勝利した」という嘘の噂を流したりして儲けたという話がよく出てきます。ですが、あれはナチスのプロパガンダ映画『ロスチャイルド家』(1940年)に出てくる話で、まったくの嘘です。はっきり出所がわかっているデマなのですが、いまだにそういう話をする人がいます。

ナチスドイツの経済政策が成功したという話も、はっきりいって完全なデマです。

ナチスの大成功とよくいわれるのは、「公共事業で失業が劇的に減った」というものです。

確かに統計上、失業は減っています。けれども、その失業の減少

国家社会主義ドイツ労働者党の突撃隊（SA）の行進（1935年、ニュルンベルク）

は何によって起こったのか。

もちろん、確かに「金融引き締めを止めた。景気回復した」ということもあるのですが、それにしても激減している。異常に減っている理由は、実は軍備を強化して、徴兵を次々と進めたことが１つです。「軍隊」という「公共事業」を行なったといえば、公共事業によって失業が減ったと受け取れます。

しかし、それだけではなく、もっと変なことをしています。「主婦が素晴らしい生き方だ。女性が働くのはけしからん」といって、仕事で働いている女性に対する嫌がらせキャンペーンも行ないました。「とにかく専業主婦になれ」という強制的なキャンペーンを行なって共働きを禁止し、女性の労働者を無理矢理、引退させたのです。このことも、失業率を引き下げました。

そして何よりも本当に悲劇的なのは、ユダヤ人や反体制派を刑務所に送ったことです。もちろん一番数が大きかったのは、ユダヤ系の人たちです。彼らは強制収容所に送られ、そのほとんどがその後、殺されます。これによって失業が見かけ上、減ったのです。ナチス統治下で失業が激減したことを素晴らしいなどと絶賛する方々は、どうしてそうなったかを考えてください、ということです。

## 第二次大戦前に「乳児死亡率」が上がっていた！

そもそも、ナチスは反経済学で、ケインズなど大して理解していません。彼らはただ単に、社会主義っぽい主張と国家主義っぽい主張をとりあえず振りまいていただけで、それほど高尚なものではないのです。

ナチスの時代に経済が良かったという話はまったくのデタラメだとわかるのは、なんといっても当時、戦争が始まる前の乳児死亡率が上がっていることからです。当時のドイツで乳児死亡率が上がるなどというのは、信じがたいことです。

もちろん、他国では下がっています。大恐慌のさなかにあるアメリカやイギリスでも下がっています。

なぜ、ドイツでそのようなことが起こったのでしょうか。

まず、ナチスはオカルト的なことを信じていて、農業政策に関しても本当にデタラメでした。まったく効果がないようなものを効果があると信じたり、あるいは「自給自足が素晴らしい。自給率100パーセントが素晴らしい」などと主張

宣伝相ゲッベルスの妻マクダ・ゲッベルスは7人の子を育てる理想の母として宣伝された〔Bundesarchiv, Bild 146-1978-086-03〕

して国外からの輸入を全部やめる方向に政策を切り替えようとしたり、まったく意味のない農業政策を次々と進めるわけです。おかげで食料不足が深刻化し、ドイツ人の食生活は平時にもかかわらず大きく悪化しました。

しかもナチスは軍事優先で、保健衛生などの分野に関しては、ほとんど力をいれませんでした（それでいて、優生学など似非科学やオカルトには予算を増やしました）。

すると、ドイツはもともと医療のレベルが高く、科学も進歩している国だったのですが、そのドイツの科学や衛生の水準が劇的に下がったのです。

そのため、見かけ上は平時で失業者もいない、景気も悪いわけではないように見えるにもかかわらず、乳児死亡率は上がったし、身長の伸びは止まったし、あらゆる健康関連の指標が悪化しています。これだけ見ても、ナチスドイツは成功ではありません。大失敗です。

にもかかわらず景気が回復したとか、経済政策が素晴らしいなどとプロパガンダを行ない、当時の日本人なども幻惑されてしまいました。ソ連の成功もナチスの成功も、いまだに騙される人がいますが、どちらもプロパガンダの話であり、紙の上の成功です。

景気が悪いときには、「経済学など役に立たない」「政府こそ経済を指導できる」といった国家主義的な発想が非常に強くなるのです。ナチスの政策の“成功”とやらが行き着いた先はホロコーストと破滅的な戦争でした。

やはり、反経済学的な発想で経済政策を行なうと悲劇的な失敗に至る、という例は本当に多いのです。

経済史、経済学史を学ぶ大きな意義は、そこにもあります。つまり、こういう間違った発想は何度も何度も戻ってくるので、「そういうものがまた戻ってきていないだろうか」と、経済学史に照らして少し考えたほうがいいということです。

これまでのどのような歴史に似ているかということを考えるだけでも、ヒントの糸口がつかめます。

だいたい、反経済学的なことを唱える方々のなかには、「自分が新しい歴史をつくる。歴史はわれわれがつくる」といって、過去を振り返らない人が多い傾向があります。だからこそ逆に、「過去の歴史に、こういうことがある」ということを念頭に置かないと、間違った方向に引っ張られてしまいかねません。

## コラム　ドイツ共産党の反ユダヤ主義

社会主義や共産主義には進歩的な左派のイメージがあるかもしれませんが、第5講でも説明したように、社会主義思想家には激烈な反ユダヤ主義者が少なくありません。マルクスも、彼自身ユダヤ系だったにもかかわらず『ユダヤ人問題によせて』（1844年）では、ユダヤ教を悪徳商法や拝金主義と同一視する差別的な発言をしています。

ワイマール共和国時代のドイツ共産党は反ユダヤ主義に反対するどころか、反ユダヤ主義を自分たちの支持基盤拡大に利用することがしばしばでした。たとえば、ルート・フィッシャーは後にドイツ共産党党首（1924年～1925年）を務めた政治家ですが、1923年には右派の学生に次のように演説しています。「君たちはユダヤ資本に反対して叫んでいるのだね、諸君？　ユダヤ資本を非難する者は誰でも、たとえ、彼がそのことを理解していなくても既に階級闘争に従事しているのだ。君たちはユダヤ資本に反対し、株式操作をする者を一掃したいと思っている。もっともだ。ユダヤ人資本家を足で踏みにじり、街頭につるし、撲滅しろ。しかし、大資本家、クレックナーやシュティネス（いずれも非ユダヤ人の企業家）はどうしたいだろうか？」

ドイツ共産党は議会政治を否定し、党に従属する準軍事組織を使って暴力で民主主義を脅かしていた点では、ナチスと似たもの同士でした。実際、共産党幹部がナチスの集会で共闘を呼び掛けたり、反政府運動のストでナチスと共闘したりすることすらあったのです。無論、600万人のユダヤ人の虐殺という史上最悪の人権侵害を犯したナチスと共産党を同列に扱うべきでないのは当然です。とはいえ、ナチスの台頭を招いたのは、右派だけでなく、共産党を含む左派にも広がっていた反市場経済、反ユダヤ主義の偏見と陰謀論だったことも忘れてはなりません。

1938年の水晶の夜事件でユダヤ人迫害の実働部隊だったナチス突撃隊（SA）は、相当数が元共産党出身で、ナチズムへの改宗者でした。彼らはビーフステーキ・ナチスと呼ばれていました。「外側は褐色だが、中身は赤い」からです。

戦後の東ドイツで一党独裁を敷いた社会主義統一党（ドイツ共産党の後継組織）もきわめて反ユダヤ主義的でした。ナチスのメディア関係者は東ドイツでも引き続き政府に重用され、「国際金融ユダヤ資本」を攻撃するプロパガンダを放送しつづけていました（ジーグラー、1992）。

東ドイツだけでなく、ソ連やポーランド等の共産主義国も、経済停滞や独裁の不満をそらすためにユダヤ系住民への暴力や差別を扇動していました。共産圏ではナチスのユダヤ人虐殺は学校教育でほとんど教えられませんでした。今でも東欧は極右政党が強いですが、その原因はこのあたりにもあると考えられます。

第13講

# 20世紀最大の経済学者フリードマン

## ミルトン・フリードマン…金融政策の復権と自由市場の重要性

大恐慌の後、ケインズ的な「大きな政府」が主流だったところに登場したのが、ミルトン・フリードマンです。彼は過去のデータや歴史的実例に基づいて理論を検証し、改善していくという「実証主義」を唱えました。そして、ケインズ政策でいわれる「乗数効果」が必ずしも成り立たないことも解き明かしたのです（恒常所得仮説）。フリードマンの分析はこれまで「つじつま」が合わなかった部分を、うまく説明できました。かくして、金融政策と自由市場の重要性を説いた彼の理論は、広く受け入れられるようになっていきます。しかし、反対論者からの攻撃を受け、誤解されていることも事実です。それはなぜか。彼の具体的な理論とともに解説します。

## 「大きな政府」に異を唱えたフリードマン

共産主義にせよ、ナチスにせよ、ケインジアンにせよ、大恐慌以降は「大きな政府」の傾向が続くことになります。そのような潮流に異を唱えたのが、ミルトン・フリードマンです。

第11講でお話ししたように、オーストリア学派の人たちもずっと異議を唱えてはいます。けれども、大恐慌の折に打ち出した清算主義的な考え方を忌避されて、誰も見向きもしない少数派に転落してしまったのです。

そのようななかで、「自由市場はやはり大事だ。政府が介入したら最終的にうまくいく、などということはない」と指摘したのが、20世紀最大の経済学者ともいえるミルトン・フリードマンです。

フリードマンはどうやって「政府介入がうまくいかない」ことを主張したか。

これは非常に簡単です。実際のデータや歴史的事実を見て、それを統計的に検証し、うまくいっていないことを示したのです。

フリードマンの大きな特徴は、「経済学は現実を改善するための道具だ」という発想でものごとを見ている点です。抽象的な理論(地に足のついていない理論)を唱えるのではなく、それが実際に使えるかどうかを重視するのです。彼は、歴史的な実例などを検証しながら、実際に政府が介入してうまくいっていないことを示していきました。

ミルトン・フリードマン
(1912年～2006年)

フリードマンは、シカゴ学派(シカゴ大学を中心とする経済学者のグループ)の一員です。現実の経済政策に生かすため

■ミルトン・フリードマン（1）

10ⓂTV テンミニッツTV Liberal Arts & Sciences

- 自由市場の重要性を唱えた20世紀を代表する経済学者。
- **実証主義**：理論の価値をその予測能力でテストする。
  経済学を現実の問題を解決する道具とみなすシカゴ学派の伝統。
  データに基づき理論を検証、改善。歴史的実例、国際比較を重視。
- **恒常所得仮説**：人々は現在の所得ではなく、長期的に得られると
  予想される所得（恒常所得）に基づいて消費。
  短期的な視野しか考えないケインズ経済学は
  財政政策の効果を過大評価。
- **マネタリズム**：**貨幣は短期的には景気変動をもたらす主要な要因であり、長期的には物価に影響する**ことを理論的・実証的に解明。
  金融政策の重要性を明らかにする。

に事実を検証し、そのうえで理論を組み上げていくのは、ある意味で「シカゴ的な伝統」ということができると思います。

これは、どちらかというと思弁的で哲学的だったオーストリア学派とかなり違う点です。

## 恒常所得仮説――公共事業の経済効果は大きくない

フリードマンの研究は、「イデオロギー的な何か」というよりも、「普通にやっていったらそうなる」という話です。

ケインズ的な発想では、「政府が支出を増やせば、その支出を受け取った人たちはその給料を何かにパーッと使って、経済が大きくなっていく」と考えます（これを「乗数効果」といいます）。そのため、たとえば公共事業を行なって、その公共事業の給料を多くの人々に支払うことが効果的だと考えるのです。

けれどもフリードマンは、本当はそうではないことを指摘しました。それが「恒常所得仮説」の考え方です。

ケインズの発想では、現在の所得が増えたら人々は支出を増やすわけです。けれども、本当にそうでしょうか。

人間はそれほど短期的な視野しかないのではなく、長い目で見て行動しています。ですから、今、政府からお金をもらったとしても、皆がすぐにパッと使うとはかぎりません。将来の自分の所得を考えて、長期的に得られるだろう所得（これが「恒常所得」です）を見ながら、支出を増やす決定をするわけです。

たとえば、新型コロナウイルス感染拡大にともなう給付金などもそうでした。給付金を受け取って、皆がすぐにパッと使ったわけではありません。大部分が貯蓄しています。これは要するに、給付が長期的に続くわけではないことを、皆が認識しているからです。

このように考えて、おおかたのケインジアンが考えるほど公共事業の効果は大きくない、ということを示したのです。

ケインズ的な消費関数で考えていくと、だんだん政府が大きくなっていかないと経済が崩壊するという、現実にはありえない結論が出てきます。そのような変な結論を排する理論を、フリードマンは提唱したわけです。

しかも、これはケインズ的な消費関数よりも、はるかに現実の当てはまりが良いものでした。

実をいうと、現在の所得だけに基づいて消費しているという仮説で説明しようとすると、いろいろとつじつまの合わないことが出てくるのです。それを全部説明できる理論が、フリードマンの理論だったのです。

これは、拙著『ミルトン・フリードマンの日本経済論』（PHP新書）で詳しく説明しています。これが１つめの、「財政政策は思われているほど効果がない」という話になってくるわけです。

## マネタリズム——金融政策の重要性を指摘

もう１つ、フリードマンの決定的な貢献といっていいものが「金

■ミルトン・フリードマン（2）

10MTV テンミニッツTV Liberal Arts & Sciences

- **予想形成と安定的経済政策の重要性**：人々の予想と、実際の貨幣の変動の違いが、景気を攪乱。
  安定的な金融政策、インフレ予想の重要性を指摘。

- **資本主義と自由**：資本主義と民主主義には密接な関係がある。
  資本主義なしに民主主義は存続できない。
  （例）すべての出版社が国有だったら政府批判の本は出版できるか？→無理！
  必ず全体主義になる。

融政策の復権」です。「マネタリズム」といって、貨幣数量説の現代版といっていいものです。

「貨幣は、短期的には景気に大きな影響を与えている。けれども長期的には物価に影響を与えるものだ」ということを、それまでフィッシャーなどいろいろな人が統計的に少し研究してはいました。しかし、きちんと理論的に厳密な研究をしていたわけではありませんでした。

それを、「貨幣需要関数」の研究を通じて、きちんと理論的にも整理し、実証的にもそういう結果が出ていることを示したのが、フリードマンの大きな功績です。

フリードマンは、この理論に基づく実証的な研究によって、大恐慌が実は金融政策の失敗なのだということを明らかにしました。「市場経済は本質的に不安定なのではなく、政府が変な介入をすることによって逆に不安定化する」ということをフリードマンは示していくのです。

要するに、政府自身がきちんとした知識を持っていなければ、政府が経済にどれだけ介入しても、逆に経済が攪乱（かくらん）されておかしくなってしまう。人々はそれなりに将来のことを考えて行動している。

将来の予想を立てて行動しているから、政府の思いどおりに動くわけではない。だから、経済が安定するような仕組みをつくって、政府はルールに基づいた政策を実行すべきである。

具体的には「貨幣の量を安定させる」べきである。だから、経済が安定するような金融政策を行なって、物価を安定させる。あるいは競争的な市場が保たれるような規制をする。あるいは市場の失敗に対応する。これらを積極的にやるべきだ、と主張したのです。

それにはもちろん、独占禁止法や環境問題に対する税金なども含まれます。そのようなことはもちろん行なったうえで、「政府の主な仕事は、自由市場で人々が行動することが経済を繁栄させるような枠組みを整えることである。経済にやたらと介入するのは仕事ではない。それはうまくいかない」ということをフリードマンは提案するのです。要するに、古典派経済学的な発想、新古典派経済学的な発想の復権です。

また、「資本主義は、民主主義や自由、人権といったものと全然関係ないように思われがちだが、実は密接につながっている」ということをフリードマンは示しました。これは、オーストリア学派の主張とある意味で似ています。

たとえば、メディアが全部国営だったら、国に都合のいいことしか報道しないでしょう。国の政策を批判するような出版物やメディアがまったくない社会は、民主主義でありえるでしょうか。そんな社会には言論の自由も民主主義もありえないのは明らかです。

また、すべての会社が国営だったら、その会社に反抗してクビになった労働者は、同じく国営であるあらゆる会社からクビにされかねません。要するに、競争がなくて、国という独占的な機関が人間を支配している社会であったら、国に逆らうことは絶対にできなくなるわけです。

事実としても、国が全部を管理しようとした社会は、遅かれ早かれ独裁になります。

ベネズエラやニカラグアなどがいい例です。「民主的な21世紀の社会主義」とベネズエラはいっていましたし、ニカラグアも「民主的な社会主義」といっていました。しかし、今はどちらも独裁です。

だから、民主主義と自由は、資本主義や市場経済がなければダメなのだということをフリードマンは示したわけです。

いってみれば、「古典派経済学の原点に返った」ということです。

## 「弱肉強食」に非ず…福祉制度も提唱したフリードマン

しばしば誤解されるのですが、フリードマンのことを「弱肉強食の新自由主義」などという方がいます。しかし、フリードマンは「弱肉強食で良い」などということは、まったくいっていません。

たとえば、フリードマンは、真に弱者を助ける政策として、「負の所得税」という考え方を打ち出しています。

現在、所得が低い人に対して生活保護が行なわれていますが、生活保護の場合、収入が増えた分、総収入が増えるかといえば、増えません。生活保護は、「最低限度の生活に必要な経費が給付される」という考え方ですので、収入が増えたら「収入が増えましたね」といって、その分、給付が減らされるわけです。

こういう仕組みでは、一生懸命働いても総収入が増えないわけですから、働かないほうがむしろマシだということになってしまいます。しかも、生活保護は非常に硬直的に運用されていて、いったん生活保護から脱すると、再び生活保護に入るのが難しい仕組みです（日本の場合、特にひどいですが）。

そうなると、また生活保護に転落するかもしれない人は、頑張っても報われないことになりかねません。頑張って働いて収入を得られたとしても、むしろ生活保護を脱することのほうが問題になってしまうからです。すると、1回、生活保護になってしまったら、なかなか出られないことになります。

これはおかしいということで、フリードマンが考えたのが「負の所得税」という制度です。

収入が多い人は所得に応じて「正の所得税」を納めます。収入が少ない人は「負の所得税」を納める、つまり給付金を受けられる仕組みにするのです。

収入が増えてくれば、その給付は少しずつ減らしていきますが、働けば働くだけ総収入が増えるように設計する。

「負の所得税」を払っている人（給付金を受け取っている人）、所得税がゼロの人、「正の所得税」を払っている人の境目をシームレスにすれば、頑張って稼げば稼ぐほど収入は増えていくことになりますから、きちんと自立していく動機になります。

これは、「入るのは難しく、いったん出たら戻ることも難しい」生活保護（最低限度の生活に必要な経費給付）とはまったく違う考え方です。しかも、生活保護を受けていることを差別する人がたくさんいますが、そういうことも起こりにくくなります。

またフリードマンは、教育に関しては「教育バウチャー」を提案しました。バウチャーとは、いわば「引換券」「クーポン券」のようなものです。

学校に補助金を与えると、学校が使い道を決めて好きなように使ってしまいます。そうではなく、教育を実際に受ける人たちにバウチャーを与える。そして、自分が行きたい学校に対して、それを使ってもらう。学校側は集まったバウチャーに応じて、政府から補助金を受け取るのです。

すると学校の競争も起こるし、貧しい人も自分の行きたい学校に行けます。

それらの制度を提案するなど、実は本当の弱者を救うような社会福祉をフリードマンはきちんと考えていたのです。ですから、「弱肉強食」などというレッテルは、まったく事実ではありません。フリードマンが、非常に誤解されがちな点です。

## 学説と人格は別なのに…それよりも大切なこと

しかしながら、フリードマンは人格攻撃などで、ひどく悪しざまにいわれることもあります。

私が思うに、フリードマンの考え方は今の経済学のスタンダードだといっていいのですが、だからこそ、自由市場を否定したい人たちの標的にされやすい面があるのでしょう。しばしばありがちなのですが、「ある学説を唱えた人の性格が悪かった」などと信用を落とすような評判を流す人がいるのです。そうすると、ついつい「学説もきっと、何か悪いものだったのだろう」と思ってしまうわけです。

けれども考えてほしいのですが、たとえばニュートンはものすごく性格が悪かったともいわれます。自分のライバルを蹴落とそうとして学会人事でいじめたり、錬金術に凝っていたりなど、変人的な面がありました（ちなみにニュートンが変人だったことについては、ケインズも研究をしています）。

アイザック・ニュートン
（1642年～1727年）

しかし、ニュートンがダメな人間だったとしても、ニュートンが唱えたことが間違っていることにはなりません。

同じく、フリードマンが唱えたことと、フリードマンがどんな人だったかは、区別しなければいけないはずです。

しばしば、そのような人格批判をする人にかぎって、マルクス主義などの異端の経済学を信奉していたりします。マルクス主義の場合、特定の個人（たとえばマルクスなど）を崇拝的に持ち上げるようなところがあります。そのような傾向がある方が、フリードマンは悪いなどと、よく書くわけです。

彼らとしては、「自分たちがマルクスを崇拝しているのと同じように、自由市場がいいといっている経済学者はフリードマンを崇拝しているだろう。だから人格的に評判を貶（おとし）めれば、彼らの権威を潰せる」と思っている部分があるのかもしれません。

しかし、それは経済学に対するまったくの誤解です。私自身はフリードマンがそれほど悪い人だったとは思いませんが、そのようなことは本質的な問題ではありません。肝心なのは彼の主張が、事実として当てはまっているかどうかです。つまり、「事実と合っているか、より説明が妥当か」という点を、どう見ていくかです。

経済学史の主流派・反主流派などの流れについて、特に異端に属する方々の少なからぬ人たちは、イデオロギーや派閥人事、あるいはブルジョア階級の利害などといった要素が動かしていると思っているように見受けられます。

しかし、主流派が主流派であるのは、基本的にその発想が皆に受け入れられているからです。これは科学の歴史などとまったく同じです。「悪い人がいて、その人が何かやっている」という発想で見るのは、やはりおかしいのです。

主流派を目の敵にする異端の方々が「主流派は変なやり方で主流になっている」と思いたくなる気持ちもわからなくはありませんが、事実はそうではないのです。

## コラム 政府も失敗する

大恐慌で市場経済への信頼が失墜すると、市場は「市場の失敗」に満ちており、政府の積極的な介入が有効だという考えが強まりました。第二次世界大戦後、多くの国では、財政金融政策（マクロ経済政策）だけでなく、特定産業を振興する産業政策や様々な規制でも経済を管理しようとしました。こうした動きに異を唱えたのは当初はごく少数の自由市場派経済学者だけでした。

しかし、過剰な政府介入は経済停滞や腐敗の蔓延など予想外の結果を招き、マクロだけでなくミクロの分野でも市場の役割が再評価されるようになりました。

「市場の失敗」があれば自動的に政府介入が正当化できるわけではありません。市場も失敗しますが、政府も失敗するからです。現実の政治家や官僚は、公平無私な神様のような存在ではありません。政治家や官僚も自分の利害を追求し、インセンティブに反応する点では、市場取引に参加する家計や企業と同じです。

たとえば、独占企業を規制するために規制をつくっても、規制対象の企業と規制当局が癒着し、むしろ規制産業の利益の代弁者になってしまう場合が少なくありません。

こうした現象をシカゴ学派のジョージ・スティグラーは「規制の虜（とりこ）」と呼んでいます。国土交通省がライドシェアに反対し、タクシー産業の利益を代弁したり、農水省がコメ農家を守る高関税を擁護したりしているのは典型的な例です。規制産業が規制による利益を手に入れるために資源が浪費される現象（レント・シーキング）の弊害は小さくありません。

政治プロセスを経済学的に分析する研究分野、「公共選択論」を提唱したジェームズ・ブキャナンは、政治家や官僚も普通の人間であることを前提にして規制や憲法を設計する必要性を説いています。賢人政治を前提にした政府介入は成功しないのです。

政府の失敗が明らかになる一方、市場の再評価も進みました。たとえば、ロナルド・コースは、政府しか供給できないとされてきた灯台のような公共財が現実には民間で供給されてきたことを指摘し、適切な所有権を設定することで環境問題の解決に市場を活用できる可能性を指摘しました。エリノア・オストロムは共有資源の住民の自主管理の成功例を分析、政府の介入以外の方法でも環境保護が成功する場合があることを示しました。

闇雲（やみくも）な政府介入だけが答えではないのです。市場の失敗を是正する場合も政府の失敗を考慮し、なるべく市場を活用する必要があります。

第14講

# ケインズ政策の限界と転換

## 「貨幣量と物価」の現代経済史…そしてスタグフレーション

フリードマンの研究によって、次第に金融政策の重要性への認識は高まってきたものの、いまだケインズ政策への支持は根強いものでした。しかし1970年代以降、ケインズ政策がうまくいかない局面が多くなっていきます。第14講では、サッチャー政権時のイギリスやレーガン政権時のアメリカが経済復興を遂げた裏側に、ケインズ政策から金融政策への転換があったことを解説します。

## 長い目で見ると貨幣の量と物価はみごとに比例している

本講の最初に、「米国の貨幣と物価（1870年～2019年）」を示した図を示します。マネタリズムは「長期的には貨幣が物価を決めている」という考え方であるとお話ししましたが、右ページの図を見ていただければ貨幣と物価の関係がよくわかると思います。

GDPデフレーターとは広い意味の「物価」です。M2とは広い意味の「貨幣の量」を測っているものです。

貨幣の量の伸び率が高い時期は、1940年代、1970年代、あるいは1910年代です。

1940年代と1910年代は戦争があったからですが、1970年代は単に金融政策の失敗です。後で説明するスタグフレーションの時期です。このような時期には、物価が非常に高くなっていることがわかります。

つまり、貨幣の伸び率がきわめて高いときには、物価が上昇している。インフレになっているわけです。

これに対して、貨幣の伸び率が非常に低い時期はどうかというと、極端に低いのは1870年代、1920年代、1930年代といったところです。貨幣の伸び率が非常に低くて、物価がデフレになっている時期です。

第４講で、1870年代の不況はいろいろな国が金本位制を採用して、世界的にデフレになったからだと説明しましたが、この図のとおり、貨幣の量が少なくてデフレになっていることがわかります。1920年代、1930年代は大恐慌です。

短期的に見れば、貨幣の量と物価はそれほど密接ではありません。これはフリードマンもいっています。普通に見てわかるものではないのですが、長い目で見ると、このようにみごとに比例してい

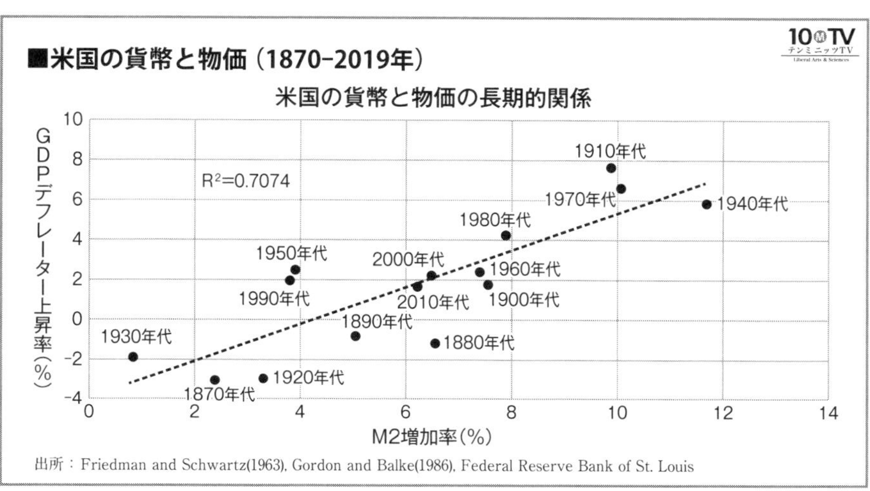

出所：Friedman and Schwartz(1963), Gordon and Balke(1986), Federal Reserve Bank of St. Louis

るわけです。

この関係は、2000年代、2010年代、そして現在もあまり変わっていません。

続いて日本の図を示します（p.160）。

日本の1940年代は戦争があったために、統計的にきちんとしたデータがありません。それと、もう１ついえば、物価が爆発的に上昇しているので、この１枚のグラフに収めようとすると、とんでもないところに点を打たなければならないのです。

貨幣の量の増加率が非常に高かった時期（1910年代、1970年代、1950年代など）は、やはり物価が上昇してインフレになっていることがわかります。

これに対して貨幣の量があまり増えなかった時期、1920年代、1990年代、2000年代では、貨幣（M2）の増加率が非常に低くなっていることがわかります。この時期は予想どおり、どちらかというと物価の上昇率が低く、デフレ的になっているわけです。日本は1990年代以降、長期停滞に陥っていますが、この時期に大恐慌と同じような貨幣量の低迷が起きていたという点は重要です。

要するに、アメリカの場合も日本の場合も、物価と貨幣の関係は

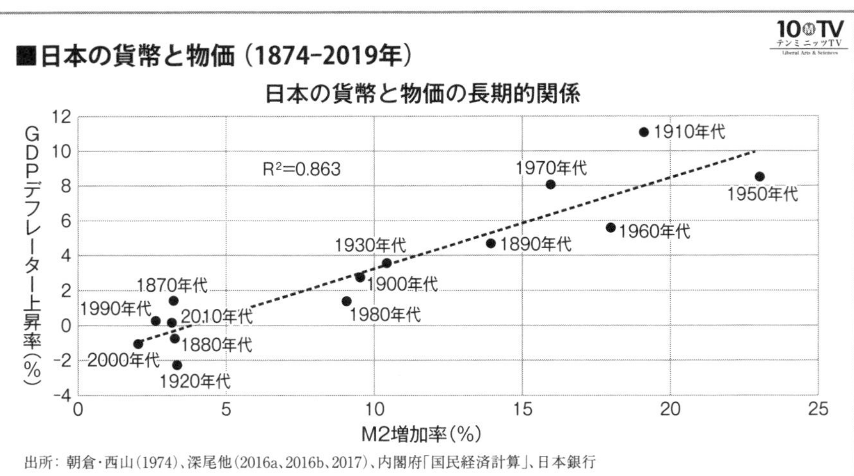


密接であることがわかります。他の国においても同様です。しかも、第８講で説明した大恐慌が典型ですが、多くの場合、貨幣量の変化は、金融政策の方針の変化や金鉱の発見といった、他の経済的要因とは独立的な要因で起きていることがわかっています。つまり、長い目で見たら「物価を決めているのは、やはり貨幣だ」という話は正しいということです。

こういう研究を、フリードマンは次々と実証主義的に行なっていきました。

## ケインズ政策の「過信」が招いたスタグフレーション

フリードマンの研究が大きな注目を浴びるようになったのは、1970年代のスタグフレーションの時代です。

もちろん、それ以前からフリードマンの一連の研究（先ほどの大恐慌の研究は1963年に出ています）が出てきたことによって、「金融政策は確かに重要だ」という認識が次第に高まってきてはいました。

一方で「政府の介入を次々と行なえばうまくいく」という発想に

■ケインズ革命とスタグフレーション

10MTV テンミニッツTV Liberal Arts & Sciences

ケインジアンの政府万能論は深刻なインフレと不況をもたらした。

1970年代、1980年代のイギリス、アメリカの経済苦境
イギリス：第二次世界大戦後の国有化と規制強化路線で英国経済は停滞。
ストップ・アンド・ゴーといわれた極端に裁量的な金融財政政策
→1960年代末～1970年代の深刻なスタグフレーション

アメリカ：ケインジアンの主張するインフレと失業のトレードオフに基づき、金融財政政策を積極拡大
→インフレと失業がともに上昇するスタグフレーション

→過度な金融緩和は失業を減らさずインフレを招くだけという
　フリードマンの予測は、スタグフレーションで的中。
→その後のニューケインジアンは事実上、フリードマンの主張を受け入れた。

基づいて行なわれた戦後の開発計画などが軒並み失敗してしまったので、フリードマンのように自由市場の重要性を強調する意見に賛同する意見も出てきてはいました。

ですが、やはり基本的には「ケインズ政策がうまくいく」という発想が強かったのです。

ところが1970年代に入って、この発想は事実と矛盾を来すようになってきます。

これはケインズ自身というよりは、ケインズ経済学を推し進めたケインジアンが問題でした。ケインズ自身は明確にいっていないのですが、ケインジアンたちは「金融政策は低金利をいつでも維持して、インフレにするのが大事だ。ちょっとしたインフレを起こして、それで経済をどんどん刺激すれば、失業率も下がるし、景気も良くなる」と考えていました。

これは、短期的には正しいのですが、「長期的にもこれだけで景気をコントロールできる。だから政府の財政金融政策で景気を完全にコントロールできる」と過信していたのです。

そして景気が悪いときには、とにかく財政金融政策を次々と行なっていった。結果として、やりすぎてしまったわけです。

イギリスでは、戦後の労働党が（保守党もかなりそうだったのですが）次々と企業を国有化していくやり方を取ったこともあって、経済が停滞しました。金融政策も、はっきりいって国が事実上、全部決めるやり方でした。政府の命令で中央銀行は貨幣の量を滅茶苦茶に増やしました。その結果、大インフレが起こってしまうのです。

マーガレット・サッチャー
（1925年〜2013年）

そうしてイギリスは、景気も悪いし、インフレ率も高くなるし、どうしようもないという雰囲気になっていきました。

マネタリズムは、アメリカのフリードマンが提唱していた考え方だったわけですが、イギリスでも「これは正しいのではないか」という人が増えてきました。

そういう人たちが後ろ盾になって、1979年にサッチャー政権が成立します。サッチャー自身も、かなりマネタリズムを研究していました。

サッチャー政権は、国有企業は民営化して、競争的な市場環境を整えることに国の役割を変えました。国が滅茶苦茶な財政金融政策を行なうのではなく、物価を安定させる政策に切り替えていくべきだという方針の下、貨幣の量をコントロールしようとしはじめるのです。

## 党派に関係なく、フリードマンの主張は受け入れられた

同じ頃に、アメリカではレーガン政権が規制緩和を進めます。

これを党派的な問題と捉えられると良くないので説明すると、アメリカでも戦後、イギリスほどではないにしても、規制を強化する

方向で戦後の経済政策を立案します。しかも国の役割がどんどん大きくなっていました。

財政金融政策をとにかく行なうやり方で景気をコントロールしようとしたのですが、アメリカもやりすぎたのです。極端な金融緩和を行なったために、やり過ぎでインフレがひどくなってきたわけです。

ロナルド・レーガン
(1911年〜2004年)

一般には、「レーガン大統領が就任して、シカゴ学派的な考えを取り入れて、規制緩和と金融政策で安定した物価を維持するための貨幣量重視の金融政策に切り替えた」とよくいわれています。これは間違いなく事実です。けれども実は、レーガン政権以前のカーター政権も、今までのやり方は無理だということに気づいていたのです。

カーターは民主党の政治家です。民主党はどちらかというと左寄りの、社会主義的なものに好意的な人たちが多い政党です。そういう政党の出身の政治家でも、「これはおかしい。何か変だ」とさすがに気づいていました。

実はカーター政権でも、規制緩和、民営化に向けた動きはありました。カーターは当時FRB議長だったボルカーに、「金融緩和しすぎで良くないから、もう金融を引き締めなさい」「貨幣量を重視する政策に変えよう」という話をしていたのです。

イギリスでも実際そうでした。サッチャー首相の前はキャラハン首相ですが、

ポール・ボルカー
(1927年〜2019年)

彼は社会民主主義の政党である労働党の政治家です。しかし、キャラハンもカーターと同様のことをいっています。

政権が代わらないうちは、本格的に導入することに躊躇（ちゅうちょ）があった。しかしサッチャーやレーガンが出てきて、本格的に始めただけなのです。

だからこれは、党派的な問題とはいえません。「ケインズ的な『政府万能論』でやっていたら実際にインフレがひどくなって、規制にがんじがらめの経済は停滞する、経済がおかしくなっている」ということを、左派の政治家でも気づいていたのです。

実をいうと、ニュージーランドでは、左派の政党である労働党のロンギ首相が中心になり、ダグラス財務大臣と一緒に、大胆な規制改革とインフレ抑制を行なっています。つまり、ニュージーランドでは、規制改革とマネタリズムの導入は、実は左派の政党が行なっているのです。しかも、これはアメリカやイギリスよりも成功しているほどです。

つまり、「滅茶苦茶な金融緩和を行なって、変な政策をやっていたらインフレになる」というフリードマンの主張が正しいことが事実によって証明されたので、皆がそちら側に移ったのです。「党派的な陰謀」があったわけではまったくないのです。

## コラム　ルールか裁量か

フリードマンらマネタリストとケインジアンの大きな論争の１つが、政府の経済政策はルールに従うべきか裁量的に決めるべきかという問題でした。

ケインジアンは、政府当局がそのときどきの経済の状態に応じて最適な政策を実施すればよく、事前にルールで縛る必要などないと考えていました。

これに対してマネタリストは経済政策、特に金融政策は人々の生活に大きな影響を与える以上、明確なルールなしにそのときどきの政府が裁量で政策を決めるのは弊害が大きいと指摘しました。

政府は正確な情報を持つわけではなく、判断を誤って政策をやりすぎることが少なくありません。実際、裁量的な金融政策は景気を安定させるどころか、景気変動の主な原因だとさえいえるのです。

米国では、1930年代には過剰な金融引き締めがデフレ恐慌を起こしましたが、1970年代には逆に過剰な緩和が大インフレを招きました。

フリードマンは、金融政策に明確なルールを定めれば、中央銀行に説明責任を課し、金融政策の極端な誤りを防止できるだけでなく、ルールが存在することで人々が将来の経済を予想しやすくなり、経済が円滑に機能すると指摘しています。

フリードマンの弟子のマネタリスト、ロバート・ルーカスは合理的期待形成（第16講で触れます）という考え方を説き、民間経済主体は様々な情報を利用し、将来を合理的に予想して行動するので、政府が民間より常に優位にあると考えるのは誤りだと主張しました。政策の変化が予想されれば人々の行動も変わるはずです。

予めルールを決めずに最適な政策を裁量的に政府が実施すればよいという考え方は、賢人政治を前提にした考え方でもあります。しかし、ケインズ流の「ハーヴェイロードの前提」は現実の政治プロセスを考えれば、妥当ではありません。ルールがなければ政府は説明責任を果たさず、恣意的（しいてき）に行動しがちです。

ブキャナンは公共選択論の研究から「ハーヴェイロードの前提」を批判し、ルールに基づく政策の重要性を説いています。1970年代の大インフレの経験から、フリードマンらの批判は、今ではほとんどの経済学者に受け入れられています。現在の中央銀行は、２％前後のインフレ目標を採用しており、中央銀行の物価安定への責任を明言しています。

第15講

# ３つのケインジアンとMMTの違い

## 「ケインジアン」の分岐とMMT？…正統と異端の見分け方

ケインジアンには様々な分派があります。よく耳にするのが「オールドケインジアン」「ニューケインジアン」「ポストケインジアン」ですが、それぞれ何を指すのか。その主張や代表的な経済学者について解説します。また、「MMT」は、ポストケインジアンの分派だといいますが、どのような違いがあるのでしょうか。その主張の詳細や位置づけを見ていきます。

## ケインズのすぐ後に登場した「オールドケインジアン」

本講では、一口に「ケインジアン」といってもいろいろな系列、派閥があることを見ていきましょう。

「オールドケインジアン」「ニューケインジアン」「ポストケインジアン」という呼び名を聞いたことがある方もいらっしゃると思います。それぞれ、ケインズの理論の何を重視するかで大きな違いがあります。

実は、ケインズ自身、時と状況によっていろいろということを変えています。それは「悪い意味」ではなく「良い意味」で変えているのですが、そのために、「主張は何か」という点でわかりづらい部分があるのも否定できません。

「オールドケインジアン」といわれるのは、ケインズのすぐ後の人たちです。「ポストケインジアン」と部分的に被っているところもありますが、そこまで市場経済に対して全面的に否定的というわけではない人たちです。

「オールドケインジアン」はケインズと同じように、「市場経済は不安定だけれども、財政政策中心の景気対策でなんとかできる。金融政策は、多少インフレ的にしてあげるほうが景気は良くなるからやればいいけれども、あまり重要ではない」という考え方です。

ジョン・ヒックス
（1904年～1989年）

政府が景気を微調整（ファインチューニング）していけば、うまくいくという考え方です。経済を機械的な、ある意味では、ネジで動くようなものだと捉えて

■「ケインジアン」の分岐とMMT？



**オールドケインジアン**とは･･･
市場経済は不安定だが、財政政策中心の景気対策で克服できる。
景気の裁量的な微調整〔ヒックス（英）、サミュエルソン（米）、トービン（米）〕

**ニューケインジアン**とは･･･
ミクロ的基礎を重視したケインズ経済学。金融政策の重要性を理解し、マネタリズムをほぼ受け入れている。制約された裁量
〔マンキュー（米）、サマーズ（米）、クルーグマン（米）など〕

**ポストケインジアン**とは･･･
マルクスとケインズの融合。市場経済は本質的に不安定で、社会主義的な経済計画が必要〔ロビンソン（英）、カレツキ（ポーランド）、ミンスキー（米）〕

＊MMTはポストケインジアンの分派。
1940年代のケインジアンに近い財政重視の国家主義。

いるといえるかもしれません。

「IS-LM分析」という財市場・サービス市場の均衡と貨幣市場の均衡を考えた一般均衡モデルによって、財政金融政策の効果を分析したのがヒックスです。彼はケインズとも親交のあった人です。それから、同じような発想をさらに発展させた、アメリカのサミュエルソン、トービンといった人たちがオールドケインジアンに当たります。

ポール・サミュエルソン
（1915年～2009年）

彼らは介入主義的ではありますが、そこまでではありません。オールドケインジアンの人たちは、実はミクロ経済学でも業績を上げている人が多いのです。

ジェームズ・トービン
（1918年～2002年）

ミクロ経済学の基本的な発想は、（これは古典派的な発想ですが）「市場にいる様々な経済主体（企業や消費者）が、自分の効用や利潤などを最大化するように

行動し、最適な行動を取っている」という仮説に基づいて経済を分析する体系です。

これに対してマクロ経済学は、必ずしもそういった前提を置いていません。「政府が支出を増やしたら、機械的に皆、受け取った収入の一定割合を使ってしまう」といった関数を設定するなどといったやり方を取りがちです。

ヒックスも、サミュエルソンも、ミクロ経済学で大変な業績を上げた人ですが、不思議なことに、自分たちがミクロ経済学でやっている「経済主体が合理的に行動している」という設定を、マクロ経済学には持ち込みませんでした。「政府が消費者の考えていることは考慮せずに、ある意味で機械的に経済政策を決めても、別にうまくいく」と、トップダウン的な発想でやっていたわけです。

このように、ミクロとマクロがつながっていなかったところがオールドケインジアンのやや奇妙な点ですが、ミクロでは新古典派なのにマクロではケインジアンという折衷的立場（新古典派総合）は戦後しばらく流行しました。

## 「制約された裁量」を重んじる「ニューケインジアン」

マネタリズムは、第13講でも見たように、「個々人はそれほど馬鹿ではないですよね」という発想です。つまり、政府が「今、お金をあげる」といったからといって、個々人がそのまま全部を、後先も考えずに使ってしまうとは考えません。

また、政府が「今、金融を引き締めるよ」「物価安定を大事にしているよ」といっていたとしても、それをそのまま信じるわけではありません。どうせその後に滅茶苦茶に金融緩和するつもりであることが透けて見えるとしたら、インフレを本当に抑制するつもりではないだろうと、皆が考えます。

つまり、「政府がいっていることが本当かどうか、皆きちんと考えている。それをミクロ経済学でわれわれはいっているではないか」というのが、マネタリズムと、その後に出てきた新しい古典派の発想だったのです。

この発想は、よくよく考えてみれば正しいし、しかも結局、そのほうがうまくいきます。そのことに気づいた人たちが、柔軟にそれを受け入れるようになります。

「人々が合理的に行動して、ある程度、将来のことを考えたりしながら、政府の意図に関してもきちんと解釈しながら行動している」ということを認めたマクロ経済学のことを、「ミクロ的基礎づけ」があるという言い方をします。

そういったミクロ経済学と整合的な経済学の考え方を、マクロ経済学に持ち込まなければいけないことを認めたうえで、「短期においては財政金融政策で景気を安定させることが必要になることがある」というケインズ的な発想を認める人たちがいます。これが「ニューケインジアン」と呼ばれるグループです。

オールドケインジアンが「裁量的な経済政策がいい」といっていたのに対して、ニューケインジアンはよく「制約された裁量」という言い方をします。

どういうことかというと、「ある程度、政府が裁量する余地もあるけれども、大枠のルールはきちんと決まっていなければいけない」ということです。そうでないと人々が「政府は何をしようとしているのだろうか」と思って、経済政策の効果がむしろ下がってしまうと考えるのです。

だから、ある程度、柔軟性もいるけれども、やはりルールも大事だと考える。それがニューケインジアンです。

実をいうと、これが現在のスタンダードになっています。ニューケインジアンであるマンキューとローマーは「ニューケインジアンというけれども、ニューマネタリズムといってもそれほど間違っていないし、同じようなものだ」という趣旨のことをいっていますが、そのとおりです。これが今のコンセンサスといっていい見解です。

## 市場経済への不信感が強い「ポストケインジアン」

最後に、問題なのは「ポストケインジアン」です。オーストリア学派が、大恐慌をきっかけに主流派から傍流になった話を先にしましたが、同じことがポストケインジアンにもいえます。

ポストケインジアンはもともとオールドケインジアンといって構わない人たちだったのですが、ニューケインジアン的な発想が出てきて、マネタリズムがある程度受け入れられるようになったときに、「いやいや、違うだろう。何をいっているのだ。ケインズがかつて主張したことは絶対に正しい」と主張する人たちが出てきます。そのような人たちが「ポストケインジアン」です。

第10講などで紹介したジョーン・ロビンソンが、その代表格です。あとはカレツキという社会主義の人や、ミンスキーといった人たちが挙げられます（彼らより少しマイナーですが、アメリカのカマラ・ハリス副大統領の父であるＤ・Ｊ・ハリスもポストケインジアンの経済学者です)。

彼らの発想は、基本的に「ケインズがいったことは正しい」。ケインズは彼らにとって、あたかも守護聖人のようなものです。

彼らは、市場経済についてのケインズの主張のうち、「市場経済はとにかく不安定だ。本質的に不安定で、社会主義的な計画のようなものがとにかく必要だ」という部分に重点を置くわけです。

オールドケインジアンといわれる人たち、サミュエルソン、ヒックス、トービンなどは、「本質的に市場経済は不安定なところがあるけれども、財政金融政策をやればなんとかなる」と市場経済自体は信頼しています。

これに対してポストケインジアンは、もっと敗北主義的です。「いやいや、市場経済は不安定で、どうしようもない。本質的にダメなのだ。バブルなどが起こって、市場経済が無茶苦茶になってしまう傾向がどうしてもある。だから政府が管理しなければダメだ」と、とにかく政府の管理を強調するわけです。

ジョーン・ロビンソンがマルクスを高く評価していたこともあり、ポストケインジアンには市場経済に対して強い不信感を持っている人が少なくありません。

マルクス主義の人たちは基本的に市場経済を救おうとは思っていませんから、恐慌が起こるといったときに、「あ、そうですか。これは市場経済だから仕方がありません。今、不況？　ああ、救いようがありませんね」となりがちです。マルクス主義も清算主義と結びつきがちですが、ポストケインジアンの人たちにも、皆がそうではありませんが、そうなりがちなところがあるのです。

ケインジアンにも、いろいろな考え方の違いがあることが、おわかりいただけたでしょうか。

経済的な事件や、経済政策などについて、日々、いろいろな主張が飛び交います。けれども、そのときにどういう思想背景でそういう意見が出るか、どういう意図を持って発言されているのかを見抜いていかないと、聞いているほうは混乱するばかりになってしまいます。

ですから、ケインジアンにかぎらず、各々の立場の人たちが基本の部分でどのように考えているかを知っておくことは、とても重要なのです。

## 「MMT（現代貨幣理論）」とは何か

これは余談なのですが、主流ではないポストケインジアンのなかの、さらに主流でない人たちが「MMT（現代貨幣理論）」といわれる人たちです。

彼らが何を主張しているかを、あえてひと言でいうなら、きつい言い方になりますが、「1940年代のケインズ経済学」です。

1940年代以降のケインズ経済学のあり方は、MMTの人たちからすれば「進歩したのではなくて、間違った道に進んだ」という発想です。だからいってみれば、1940年代の経済学が基本的には正しかったと思っている人たちです。

ポストケインジアンも批判されることが多いのですが、ポストケインジアンの人たち（たとえばトーマス・パリー）が、「いやいや、これはおかしいだろう」といってMMTを批判するくらいなので、主流派から相手にされないのは当たり前といえば当たり前です。

MMTの何が問題かというと、MMTの人たちは「財政をとにかく拡大すればいいのだ」といいます。ポストケインジアンのなかでもMMTはさらに特殊で、彼らはあまりバブルなどという話は強調しません。むしろ財政政策万能の人たちです。

ただ、彼らが主張するような「財政支出をとにかく増やせばいい」ということでは、実際に経済は成長しませんから無理があります。

特に日本のMMTの人たちは、「財政支出が増えているから経済も成長している」と経済成長と財政支出のグラフを一緒に出すことが多いのですが、それは逆で、経済が成長するから財政支出を増やせるわけです。

財政が破綻している国は、財政支出が減って経済も成長していないのですが、それは当たり前です。経済が成長しているから財政支出を増やせる。経済成長にともなって税収も増え、財政も拡大しているというだけの話です。

ですから、そのあたりの因果関係がひっくり返っているところがあります。

彼らは、「民間が黒字になるためには、政府が赤字でなければいけない」と盛んに主張しますが、これ自体は単なる恒等式（常に成り立つ式）です。「民間の黒字」とは単に民間貯蓄が民間投資より多いというだけで、国民が豊かどうかとは関係がありません。ハイパーインフレと経済破綻で所得が３分の１以下に減り、政府が巨額の財政赤字を出しているベネズエラも、民間部門は大幅黒字です。「財政赤字は国民の富と貯蓄を増やす」（Kelton［2021］、p.176）などとはいえないのです。

政府が赤字でなければ経済が成長しないといった話は、間違いなく誤りです。

たとえば、日本は高度成長の時期、ずっと均衡財政でした。一時的に、1965年に赤字財政をやっていますが、高度成長期の日本は国債残高をむしろ減らしていたわけです。けれども、あれだけ経済が成長している。事実がどうなっているかを見ると、MMT流の発想は実際に当てはまっていないのです。

## ポストケインジアンからも批判されるMMTの問題点

なお、「財政拡大するのは、確かに効果がある場合がある」ということは主流派も認めているのですが、それをもって主流派もMMTを認めるようになったと思っている人が多くいます。しかし、それは「たまたま、ある状況ではいっていることが共通している」というだけです。

たとえば、答えが一緒だからといって、計算過程を違えていたら、それは違う話です。たまたま今、処方箋が一緒だからといって、財政拡大が「常に」必要といっているような人たちと、主流派は違うのです。

MMTの人たちは、「主流派経済学はとても悪いものだ」と盛んにいうわけですが、これもやや被害妄想的なところがあります。都合のいいときは主流派も財政拡大派でMMTを認めたとか一知半解なことをいい、そうでないときは、主流派は「エリート」だから真理を認めたくないのだ（？）などというのはおかしいでしょう。

また、ポストケインジアンもそうですが、社会主義的な傾向がMMTはきわめて強いのです。

MMT独自の政策提案で一番大きいのは、「失業者を全部、国が雇う」というものです。最低賃金的なもので全部雇うという就業保証プログラムを彼らは信じているわけですが、どんな人でも雇うことになると運用上、非常に問題があることはすぐわかります。

「景気が良くなったり、悪くなったりするたびに、雇う人数を伸縮させる」ということですから、はっきりいって、やってもらう仕事は「どうでもいい仕事」でなければいけません。仕事量を増やしたり減らしたりするのを簡単にできるような仕事ですから、必然的にそうなるでしょう。では、それは失業手当とどこが違うのですか、ということになってしまうわけです。

だから、社会主義になってしまうか、失業手当を大げさな名称で呼んで、しかも無理やり働かせるような制度になってしまうか。そのあたりが、はっきりしないところがあります。

MMTは貨幣数量説を否定していて物価の決定の理論がきちんとないといった問題もありますし、問題点を挙げていったらキリがありません。

それから、実際にどのくらいの財政支出が望ましいのかについて、「１京円支出しても大丈夫だ」などという人もいます。そのような主張に対しては、「きちんとした根拠を示していないだろう」とポストケインジアンからも批判されています。

だから、MMTはどちらかというと一過性の流行であろうというのが私の思うところです。

## コラム 貨幣国定説とMMT

MMTの中心的な理論の1つは貨幣国定説です。貨幣国定説とは、「貨幣は税を納める手段として国家が発明したもので、人々が貨幣を使うのは貨幣が税金を支払うのに必要だからだ」という考え方で、もともとはドイツ歴史学派の経済学者クナップが20世紀初めに主張したものです。

MMTによると、貨幣は本来まったく無価値ですが、政府が「貨幣で税金を払え（さもないと捕まえるぞ）」と命じるので、人々は税金を納めるために貨幣を使うのです。人々は納税に必要な貨幣を喜んで受け取るので、インフレを起こすことなく、政府は単に貨幣を発行するだけで支出を賄えるそうです。予め税金をとらなくても、政府は貨幣を増やせばいくらでも支出できるので（「スペンディング・ファースト」）、政府に予算制約はなく、「税は財源ではない」といいます。

しかし、こうした説明には無理があります。人々が貨幣を受け取る理由の一部は確かに租税の支払いのためですが、それはごく一部にすぎません。貨幣が税を払うためにあるという説明は、軍事占領された植民地には当てはまるのかもしれませんが、とても「現代」貨幣理論の名には値しないでしょう。

実際には、たとえ政府が税金を納める手段として指定しても、その貨幣がまったく使われないケースはたくさんあります。身近なところでいえば、不便で流通していない２千円札がそうです。逆に、中南米諸国や北朝鮮等で流通するドルのように、それで税金を払うことはできないにもかかわらず、広く流通している貨幣もあります。ハイパーインフレの下では、人々が政府の命令を無視し、タバコやコニャックを貨幣の代わりに使う場合すらあるのです。

貨幣は自発的取引の手段として、交換手段として便利だから需要されていると考えるほうが自然です。人々が貨幣として喜んで受け取るものなら何でも貨幣になりえます。逆にどんなに強制しようが、人々が信頼しなくなれば貨幣ではなくなるのです。

MMTは政府が支出するのに税収は必要ないという点を強調しますが、重要なのは時間的順序ではありません。読者の皆さんの給与はおそらく月末に払われるでしょう。レストランでは料理は勘定を済ませる前に出ることが多いですよね。でも、だからといって、「労働が先で、給与が後だから、給与は払わなくてよい」とか、「料理が先で、会計は後だから、会計は必要ない」とは考えないはずです。給与が払われるという信頼があるからこそ働くし、勘定を払ってもらえるはずだから店は料理を出すのです。

政府の場合も同じです。政府が収入を得る前に支出できるのは、信用のある大企業や資産家と何も変わりません。貨幣発行や国債発行による資金調達が可能なのは、政府が税収という安定した収入があるからです。まったく税収がないのに貨幣や国債を大量発行すれば、国債価格は暴落し、貨幣価値は急激に低下します。貨幣発行収入は人々の信認に依存しており、無制限ではありません。

第16講

# 現代の経済学のコンセンサス

## 結局、主流派と異端派の何が違うか…経済学史の大きな示唆

これまで説明してきたように、1970年代にスタグフレーションに陥ったことにより、ケインズ的な政策よりもフリードマンの金融政策が受け入れられていくことになりました。主流派が主流派たりえているのは、「実態と理論が合っている」からこそのことです。では、異端派との違いはどこになるのでしょうか。さらに、現在の経済状況を踏まえつつ、経済学の伝統と英知を活用するには、どのようなことが大切なのでしょうか

## スタグフレーションが与えた影響

第14講でも見たように、ケインズ政策が壁にぶつかったのが、スタグフレーションでした。あらためて説明すると、スタグフレーションとは、「停滞（stagnation）」と「インフレーション（inflation）」を合わせた造語です。

ケインズ経済学の主流だった当時のオールドケインジアンの人たちは、「物価の上昇と深刻な不況が並存するということはないだろう」と考えていました。ところが実際には、貨幣供給量を増やしまくった結果、急激なインフレになったけれども、景気も良くないという状況が並存する事態が起こってしまったのです。

当時のケインズ政策を提唱した人たちは、「これは一時的だ」「物価統制をするべきだ」「企業が悪い」「労働組合が悪い」などと滅茶苦茶なことをいいました。しかし結局、全然うまくいきませんでした。

そのため、「金融政策を物価の安定に割り当て、他は自由市場に任せる」ほうがむしろ良いというフリードマンの考え方を、皆が受け入れるようになってきます。

世界各国が金融引き締めを行ない、スタグフレーションは実際に収まったということで、フリードマンの考え方は正しかったということが、おおよそのコンセンサスになりました。

ちなみに、インフレの抑制に一番成功したのは、実は日本です。その後、デフレになってしまったことを考えると残念な話ですが、当時は大成功の例でした。

そして、だんだんと大きな政府から小さな政府へという流れが起こるわけですが、若干、脱線といっていいものが1つあります。それが「新しい古典派（New Classical School）」です。

■不況・恐慌のインパクト（1）

10ⓂTV テンミニッツTV Liberal Arts & Sciences

- **1970年代のスタグフレーション**
  インフレ（物価の上昇）と深刻な不況。ケインズ政策が機能せず。
  →M.フリードマンのマネタリズムが受け入れられ、世界各国は金融引き締めでスタグフレーションを克服（一番の成功例は日本だった）。
  大きな政府の時代から小さな政府の時代へ

- **1980年代の新しい古典派（New Classical School）の台頭**
  完全競争・価格伸縮的なモデルで自由放任的な主張をするグループ
  （「新古典派(Neoclassical School）と混同される。
  合理的期待形成理論：経済主体は合理的に行動し、将来を予想して行動する（実はミクロ経済学的には当然の考え方）。
  実物的景気循環理論：景気変動の原因は主に技術進歩。
  マクロ経済政策は無効でいらない。かなり極端。

これは「新古典派（Neoclassical School）」と間違えやすいのですが、どういう考え方かというと、完全競争と価格伸縮的（要するに、価格も自由に設定できる）というモデルです。経済がかなり競争的な状態にあるモデルを使い、自由放任主義的な主張をするグループです。その主な理論として、「合理的期待形成理論」と「実物的景気循環理論」があります。

まず、「合理的期待形成理論」というのは、「人々は過去の出来事を延長して考えるのではなく、いろいろな情報をきちんと合理的に手に入れ、意思決定を行なっている」という考え方です。

これはミクロ経済学では当たり前の発想ですが、合理的期待形成理論の人たちは、これを若干、極端に解釈しがちだったのです。ただ、これは出発点としては妥当な発想ですし、その後はニューケインジアン理論にも取り入れられるようになっています。

もう一つ、「実物的景気循環理論」が出てきます。これはシュンペーターに戻ったような話なのですが、「景気変動の原因は、すべて技術進歩で、景気は技術によって変化している。マクロ経済政策はほとんどが無効だ。金融政策も財政政策もいらない」というわけです。

■不況・恐慌のインパクト（2）

10ⓂTV テンミニッツTV Liberal Arts & Sciences

- **1990年代以降のニューケインジアンの登場**

マネタリズムを取り入れたケインズ経済学。短期はケインジアンだが、長期は古典派的。景気を裁量的にコントロールできるという主張には否定的。穏健な中道。現在の主流派。

その他：ゲーム理論、経済成長理論の発展。バブルや長期停滞の論争。

はっきりいって、これはかなり極端な考え方で、さすがにそれは違うだろうという人たちが（1990年代以降は特にそうですが）マネタリズムや合理的期待形成理論を取り入れた形のケインズ経済学を展開させるようになります。

それが、第15講でお話ししたニューケインジアン理論です。彼らは「短期はケインズ的な状況がたまにあるけれども、長期的には古典派的な発想でいくことができる」という穏健な中道派です。現代の主流派はこの理論になります。

## 主流派と異端派は何が根本的に違うのか

このような流れを見ていくと、どういう主張がどういう背景で出てきたのか、この経済理論はどういう背景があって唱えられているのかということが見えてきます。今の経済政策を考えるうえでの、いろいろなヒントや糸口が、そこにはあります。

では、「主流派の理論」と「異端派の理論」とは結局、何が違うのでしょうか。あるいは、古典派経済学的な発想はどうしてずっと生き残ってきたのでしょうか。

■正統派の理論と異端の理論（1）

10ⓂTV テンミニッツTV Liberal Arts & Sciences

◆何が正統的な理論で、何が異端の理論なのか？
→勝てば官軍とは言えないが（誤った理論が普及したり、その後正しいことがわかった理論が忘れ去られたりすることはある）、主流派の理論は主流派になるだけの理由がある。

→古典派経済学の伝統の強さ：
市場経済の重要性、貨幣の安定の重要性という基本は、歴史の試練に耐えて、修正を繰り返しながらも生き残る。
主流派は古典派の理論をベースに歴史的な教訓を踏まえて修正を繰り返しながら発展。ドグマではないオープンな姿勢、批判は受け入れながら進化。

もちろん、これまで見てきたように、古典派経済学のなかでも、「労働価値説」など間違った部分は全部なくなっていきました。生き残っているのは「自由市場が基本的にはうまくいく」というものと、「貨幣数量的な発想が基本的には景気の変動を説明している」というものです。

なぜ、これがずっと生き残っているのか。それは、「実態に合っているから」です。

どうして主流派は柔軟に生き残ってきたのかといえば、オープンな態度でいろいろな理論に接しているからです。1人の教祖を崇拝したりするのではなく、要するに「理論的にこれはどうなのか」という部分に集中していることが、ずっと生き残っている大きな理由なのです。

折々の経済的な大事件のなかで、「古典派経済学が間違っている」と思われた出来事は、後になってよくよく調べてみると結局、どれも経済政策のミスや診断ミスだったことがわかってきました。

間違っている部分は修正していく。古典派から新古典派へ、その後、さらにケインズ的な理論を取り入れるという形で、次々と修正してきているわけです。

■正統派の理論と異端の理論（2）

10ⓂTV テンミニッツTV Liberal Arts & Sciences

◆異端派の理論は多くの場合、
実証軽視のドグマ（特に、教祖の思想家の解釈学）、
過去の理論的発展を無視した独自理論になりがち。
受け入れられないのは主流派が悪いと思想が硬直化。
オーストリア学派やポストケインジアン、マルクス主義。
MMTなど最近の流行の理論にも同じことが言える。

不況時には介入主義的な思想が支持されがちだが、
介入主義は必ず失敗。
揺り戻しはあっても市場経済を重視する発想が主流に戻ってくる。

ドグマティックに1つの考え方を信奉するのではないからこそ、生き残ってきたのです。柳は風が吹いても強いというのと同じです。

異端派に対して、「成功しなかったから全部ダメだ」といいたいわけではありません。しかし、やはりうまくいかなかったことには、確かに理由があるのです。

どうしてうまくいかなかったか。これには非常に簡単な理由があります。その点で、異端派の理論には共通点があります。

まずドグマティックな教祖的存在がいます。やや失礼な言い方かもしれませんが、たとえば「マルクスが本当は何がいいたかったか」という話は、マルクス経済学ではおそらく一番重要な問題です。あるいは、「ケインズが本当は何がいいたかったか」ということは、ポストケインジアンのあいだではやはり大事な話題です。

このようにドグマティックに、教祖や自分たちの経典を信奉するような集団になってしまうと、進歩は止まってしまいます。どちらかというと実証的な話にはあまり関心がない。こういった理論が、異端派の共通項です。

## 「自分が考えた理論が正しい」という理論は誤り

それから、おおかたの異端の人たちは、「自分たちの考えは正しいけれども、それを受け入れられない主流派という悪いやつがいる」という発想に陥りがちです。これもはっきりいって非常に良くないところです。

たとえば、主流派の経済学のなかでも異端的な発想、今ではあまり受け入れられていない発想があります。たくさんありますが、そういった人たちは、それでも主流派のなかで動いている人たちです。「いつか受け入れられる」という発想で、自分たちの説得はうまくいっていないけれども頑張ればなんとかなるのではないか、という希望の下で研究している人が多いのです。

私自身も、どちらかというと、あまり主流ではない意見も持っています。けれども、それは「そういう範囲のなかでやっている」と思っています。要するに、自分が間違っているかもしれないという態度を取っているところがあるわけです。

そして、過去の経済学の流れを踏まえたうえで、皆、主張しています。過去の蓄積を踏まえて自分の主張をしている。そういう面があるからこそ、経済学の伝統はそれほどやわなものではないのです。簡単なことでは崩れません。

確かに、一般的には、どちらが正統派的な理論で、どちらが異端かというのはわかりづらいところでもあるでしょう。しかも経済学は、前提を立てて議論を進めていくので、どちらの意見も正しいように聞こえてしまう部分があります。

だから結局、実際に経済がどうなっているかということと、実際の経済と理論が本当に合っているかということを確かめないと、わからないのです。それを行ないながら、経済学は徐々にいろいろと変わって進歩してきたのです。

経済論議を考えるうえで危なくてダメな態度だと、私が個人的に思うものの基準は、まず、「反経済学」のようなものを標榜しているものです。経済学者は特定のエリート集団だといった陰謀論的な発想、あるいは反エリート主義のような発想で「悪い人たちがいる」と主張したり、「悪い人間がいて、その結果、経済が悪くなっている」とその動機を問題にしたりするものです。

このような発想をする人たちは、たいていの場合、悪い意味の異端派の経済学、あるいは「俺様が考えた理論が絶対正しい。過去のものは、すべて間違っている」とほとんど歴史を踏まえずに話している人たちです。

ですが、「過去の偉大な経済学者たちが一生懸命考えた蓄積を全部ぶっ壊す天才理論を、私は考えた」という人は、科学の世界ならば絶対ありえません。経済学でも同じことです。

## 長期的視点でみると、起こるべくして起こったインフレ

最後に、これまで見てきたような経済学史的な視点で分析したらどう見えるのかということをご紹介しましょう。

事例として、新型コロナウイルス禍直後の経済状況を取りあげましょう。

「米国の貨幣増加率（M2）とインフレ率」の図をご覧ください。

これは貨幣の変動と物価の変動を見たものです。第14講で10年平均のそれを見たものに比べると、相関は緩やかですが、おおよそ2年前の貨幣の量の変化はその後の物価の変動に影響するという関係が、基本的にはどの国でも見られます。

これを見ていくと、1970年代のスタグフレーションは、やはり貨幣の量が多すぎたことが大きな理由だったことがわかると思いま

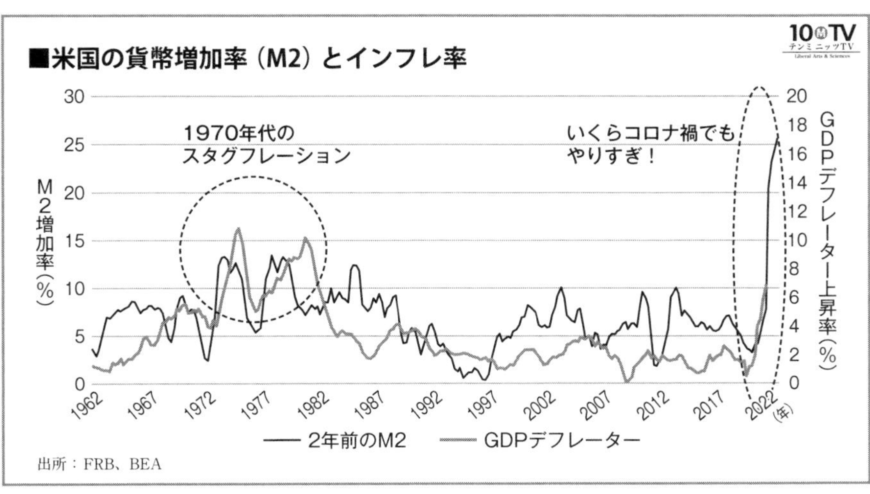

出所：FRB、BEA

す。石油ショックなどもあるのですが、それでも貨幣をこれほど滅茶苦茶に増やしていなかったら、こうはならなかったわけです。

第１講で、新型コロナウイルス禍以降、大きな政府の流れが強まっているという話をしましたが､大きな政府の流れのなかで「MMT的な発想をアメリカのバイデン大統領が採用した」という趣旨のことをMMTの提唱者の１人であるケルトンが述べたりする状況になっていました（Huebscher［2021］）。

MMTの発想では、財政支出をどんどん拡大して、金融緩和を滅茶苦茶にやってもインフレは起こらないはずでした。ところが、大幅なインフレになってしまいました。これは一時的だとMMTの人たちはいいたがるわけです。

彼らは、そもそもインフレは起こらないといっていたのに、起こってから「一時的だ」「成長の途中の痛みだ」という、よくわからないことをいいはじめました。

けれども、これは歴史的に見れば、単純に金融緩和をやりすぎたということが背景にあるのです。

この図を見れば明らかなとおり、コロナ禍の時期に貨幣量は極端に増えています。コロナ禍は今までにない出来事ですから、これに

■現代の経済学のコンセンサス（1）

10Ⓜ️TV テンミニッツTV Liberal Arts & Sciences

①自由な市場取引、自由貿易は原則として望ましい。

②貨幣数量説：貨幣は長期的には中立だが、短期的には景気に影響。

③経済成長の源泉は技術革新である。

④限界効用理論：相対価格は限界分析で分析でき、
需給の相互作用によって決まる。

⑤持続的経済発展：労働者の生産性が高くなれば、所得も増える。
事実、労働者の生活水準は次第に上昇。マルサスの人口論や
マルクスの労働者窮乏化理論は根拠がない。

⑥所得分配は生産要素に基づいて限界生産力理論によって分析。

⑦短期ではマクロ経済政策（財政金融政策）によって景気変動を
緩和することができる。
（ただし、裁量的な政策運営ではうまくいかない）。

対して金融緩和を大規模に行なうのは間違っていなかったと思います。

ですが、「いくら何でもやり過ぎだろう、インフレに絶対なる」と私は思っていましたし、多くの学者がそういった警告をしていました。

大きな政府の流れは、やはり揺り戻しがあります。けれども、今後は元に戻っていくと思います。長期的には結局、うまくいかないわけですから。

## 現代の経済学のコンセンサス――経済学の伝統と英知を活用すべし

最後にまとめましょう。ここまで主流派、異端派と、いろいろな見方を紹介してきましたが、現在の経済学の理解がどうなっているかについて、これまで何度も使った７つの項目で整理してみましょう。

まず、項目の①と②は変わらないということになります。

現代の経済学、現代の主流派のコンセンサスといっていいものです。これを新古典派と呼ぶべきなのか、何と呼ぶべきなのかは、正

■現代の経済学のコンセンサス（2）

10MTV テンミニッツTV Liberal Arts & Sciences

＊細かなニュアンスの違いはもちろんある。

現代の経済学は自由市場の重要性を強調しつつも、
市場の失敗への対応や所得再分配にも配慮し、
ケインジアン的な発想も取り入れて進化を続けている。

反経済学や自己流経済学ではなく、経済学の伝統と英知を活用すべき。

直あまりわからないですし、こだわらないほうがむしろいいと思います。現代の主流派の考え方は、「自由な市場経済が原則的に望ましい」という考え方は同じですし、「貨幣数量説的なものが正しい」という考え方も変わりません。

かつての経済学では「資本蓄積がとにかく経済成長をもたらす」と考えていました。けれども、ソ連のような国は工場を建てまくっても経済は成長せず、ほとんど豊かにならなかった。それで、これは違うということに皆、気づくようになったわけです。

これはある意味、オーストリア学派的な発想でもありますが、今では経済成長の源泉はむしろ「技術革新」であると考えます。「技術の進歩が経済を成長させる」ということに、今の主流派の考えは落ち着いています。

④と⑤と⑥は同じですが、⑦が変わっています。これはまさにケインズ的な発想が取り入れられている部分です。

短期的な景気変動にはマクロ経済政策、財政金融政策を行なって、長期停滞にならないように、きちんと経済政策をやるべきだという考え方になっています（長期停滞が起こるかどうかという議論はありますが）。

ある意味では、ケインズ的な政策もそうですし、フリードマン的な政策もそうですが、「政策を動員して、土俵自体をきちんと保ちつづける努力をしつづけるべきだ」というのが今の主流になったといえるかもしれません。

ここには詳しく書いていませんが、市場の失敗や、所得再分配の問題といったことにも、もちろん主流派はきちんと配慮しています。「そういうことは必要だけれども、それは市場経済を壊さなくてもできる」といっているわけです。

たまに、そういったレッテル貼りをする人がいますが、それほど経済学は冷たい学問ではありません。

ここに書いたことは、おおよそ今の経済学者のコンセンサスということができるだろうと思います。もちろん、まとめ方は人によると思います。現代の経済学の優れた教材としては、マンキューの『経済学』などが挙げられるでしょう。

経済学は本当に様々な思想家が、いろいろな考えを提示して、一生懸命、理論的な競争を続けてきた世界です。そういった世界で生み出されてきた長年にわたる経済学の伝統の英知は、自己流経済学やそのあたりの思いつきよりも、むしろずっと価値のある道標になります。

ですから、ぜひ、経済学の歴史を踏まえたうえで、現代の経済について見ていただければと思います。

## コラム さらに知りたい読者のために

本書は簡単な入門書ですが、さらに学びたい皆さんにぜひお勧めしたいのが次の３冊です。

- 若田部昌澄（2013）『経済学者たちの闘い―脱デフレをめ

ぐる論争の歴史』東洋経済新報社

- 江頭進（2015）『はじめての人のための経済学史』新世社
- ナイアル・キシテイニー（2018）『若い読者のための経済学史』月沢李歌子訳、すばる舎

本書よりも少し難しめですが、いずれも読み物として面白く、経済史の流れをより深く理解できる本です。若田部（2013）は、現代にも通じる経済学者たちの論争の歴史を扱った興味深い著作です（本書を書くうえでも大きな示唆を得ました）。本書を楽しんでいただけた読者にはぜひ挑戦してほしい本です。

より専門的なテキストとしては、次のようなものがあります。三土（1993）はある程度数学の知識が必要です。

- 三土修平（1993）『経済学史』新世社
- 小峯敦（2021）『経済学史』ミネルヴァ書房
- 野原慎司・沖公祐・高見典和（2019）『経済学史　経済理論誕生の経緯をたどる』日本評論社

経済学史の古典的な名著としては以下の本をお勧めします。

- J・A・シュンペーター（2005）『経済分析の歴史』（上、中、下）、東畑精一、福岡正夫訳、岩波書店
- M・ブローグ（1982～1986）『新版経済理論の歴史』1～4巻、杉原四郎、宮崎犀一［ほか］訳、東洋経済新報社

シュンペーターは本書でも紹介したオーストリアの経済学者ですが、経済学説史家としても一流の業績を残しています。『経済分析の歴史』はシュンペーターの死後、経済学者のエリザベス・ブーディー夫人の編集で完成された本です。該博な知識で古典派以前からケインズの時代までを扱っています。ブローグはオランダの経済学者で、経済学説史家として活躍した人です。現代の経済学の観点から過去の学説を理論的に分析したい人向けの本です。

本書では、ゲーム理論については扱っていませんが、関心のある読者は、日本のゲーム理論の第一人者による次の本をお勧めします。

- 鈴木光男（2014）『ゲーム理論のあゆみ』有斐閣

本書でこれも扱っていない現代の経済成長理論の歴史については、簡単な読み物として次の２冊が面白いと思います。

- ウィリアム・イースタリー（2003）『エコノミスト 南の貧困と闘う』小浜裕久［ほか］訳、東洋経済新報社
- デヴィッド・ウォルシュ（2020）『ポール・ローマーと経済成長の謎』小坂恵理訳、日経BP

講義でも紹介しましたが、標準的な経済学の教科書としてお勧めしたいのが次の本です。

- マンキュー（2019）『入門経済学（第3版）』足立英之［ほか］訳、東洋経済新報社

経済学についてよくある誤りを指摘した優れたエッセイとして次の本をお勧めします。経済学説史の部分では、本書では扱っていない最近の経済学説の発展について扱っています。

- 岩田規久男（2023）『経済学の道しるべ』夕日書房

## 参考文献・読書リスト

### ◆第１講：経済学史の概観

資本主義をめぐる経済思想の歴史をたどった著作として、

- ジェリー・Ｚ・ミュラー（2018）『資本主義の思想史』池田幸弘訳、東洋経済新報社

資本主義と経済発展の関係を扱った著作として、

- D. N. Mccloskey and A. Carden (2020), Leave Me Alone and I'll Make You Rich: How the Bourgeois Deal Enriched the World, University of Chicago Press.

### ◆第２講：重商主義と重農主義の真実

近代以前については、シュンペーター（2005）の上巻や次の著作が参考になります。

- Ｊ・ヴァイナー（1981）『キリスト教思想と経済社会』嵯峨野書院

重商主義については、次の本はバランスが取れています。

- Ｌ・マグヌソン（2009）『重商主義』熊谷次郎、大倉正雄訳、知泉書館

ケネーの経済表は難解ですが、以下の訳、解説をお勧めします。

- ケネー（2013）『経済表』平田清明、井上泰夫訳、岩波書店

重農主義の研究は少し古いですが、以下がよくまとまっています。

- Ｈ・ヒッグス（1957）『重農学派』住谷一彦訳、未来社

本書では扱いませんでしたが、フランスにはコンディヤック、チュルゴーをはじめ、スミスと同時期に重農主義の限界を批判し、優れた経済理論の体系を生み出した経済学者が複数います。フランス経済学説史の優れた通史として次の本があります。

- 御崎加代子（2006）『フランス経済学史 ケネーからワルラスへ』昭和堂

### ◆第３講：見えざる手と比較優位の真意

スミスの『国富論』の翻訳は複数ありますが、いずれも優れた邦訳です。入手しやすいものを読むとよいでしょう。

- A. Smith (1776), An inquiry into the nature and causes of the wealth of nations, The Glasgow edition of the works and correspondence of Adam Smith, II, Oxford University Press, 1976.（アダム・スミス『国富論』1〜4、杉山忠平訳、岩波書店、2000年など邦訳多数）

スミスの哲学の主著『道徳感情論』も複数邦訳があります。ここでは岩波文庫版を挙げておきます。

- A. Smith (1759), The theory of moral sentiments, The Glasgow edition of the works and correspondence of Adam Smith, I, Oxford University Press, 1976.（アダム・スミス『道徳感情論』上、下、水田洋訳、岩波書店、2003年など邦訳多数）

リカードの全集は、経済学者ピエロ・スラッファの編集した全集が決定版です（全集は邦訳あり）。彼の代表作『経済学及び課税の原理』の邦訳は複数ありますが、岩波文庫版が入手しやすいでしょう。

- D. Ricardo (1817), On the principles of political economy and taxation, edited by Piero Sraffa, Cambridge: Cambridge University Press, 1951.（リカード『経済学および課税の原理』上、下、羽鳥卓也、吉沢芳樹訳、岩波文庫、1987年など邦訳多数）

### ◆第４講：古典派経済学の特徴と時代的背景

古典派の経済学全般を論じた古典的な著作として、

- ライオネル・ロビンズ（1964）『古典経済学の経済政策理論』市川泰治郎訳、東洋経済新報社

ジャン＝バティスト・セーの著作として、

- J-B. Say(1803), Traité d'économie politique, ou, Simple exposition de la manière dont se forment, se distribuent, et se consomment les richesses, Paris: Economica, 2006.

セーの貨幣論については次の編著が有益です。

- Jacoud, G. (2013). Money and banking in Jean-Baptiste Say's economic thought, Routledge.

保護主義礼賛の通俗的な歴史書の一例として引用したのは次の本。

- R. C. Allen (2011), Global economic history a very short introduction, Oxford University Press.（ロバート・C・アレン『なぜ豊かな国と貧しい国が生まれたのか』グローバル経済史研究会訳、NTT出版、2012年）

自由貿易体制が平和と経済の繁栄をもたらしたことについては、

- F. H. Capie (1994), Tariffs and growth: some illustrations from the world economy, 1850-1940, Manchester University Press.

開国後の日本の自由貿易の利益を推定した研究として、

- D. M. Bernhofen and J. C. Brown (2005) "An empirical assessment of the comparative advantage gains from trade: evidence from Japan," American Economic Review, 95(1), 208-225.

紹介した内村鑑三の『デンマルク国の話』の原著は1911年に書かれたものですが、岩波文庫版は入手しやすいでしょう。

- 内村鑑三（2011）『後世への最大遺物 デンマルク国の話』岩波文庫、初版1946年、改訂版2011年

ドイツ関税同盟の実態については、たとえば以下の研究が有益です。

- B. Dedinger (2006), "From virtual free-trade to virtual protectionism or, did protectionism have any part in Germany's rise to commercial power 1850–1913", in J-P. Dormois and P. Lains. ed (2006), Classical trade protectionism 1815-1914, Routledge, pp. 219-241.
- C. P. Kindleberger (1996), World economic primacy 1500-1990, Oxford University Press.（C. P. キンドルバーガー『経済大国興亡

史 1500-1990』中島健二訳、岩波書店、2002年）

- M. Kitchen (1978), The political economy of Germany, 1815-1914, Croom Helm.

### ◆第５講：古典派を批判した異端者たち

リストのリカード批判は、

- F. List(1959), Das nationale System der politischen Ökonomie : Volksausgabe auf Grund der Ausgabe letzter Hand und Randnotizen in Lists Handexemplar, Kyklos-Verlag, p.310（邦訳：フリードリッヒ・リスト『政治経済学の国民的体系：国際貿易・貿易政策およびドイツ関税同盟』正木一夫訳、勁草書房、1965年、441頁）

空想的社会主義者の著作としては、次の邦訳が便利です。

- サン・シモン他（1959）『世界大思想全集 社会・宗教・科学思想篇 サン・シモン オーエン フーリエ バザール コンシデラン』高木暢哉［ほか］訳、河出書房新社
- シャルル・フーリエ（2002）『四運動の理論』上、下、巖谷國士訳、現代思潮新社、古典文庫
- サド、フーリエ（1999）『【ユートピアの箱　澁澤龍彦文学館４】サド／フーリエ』澁澤龍彦、巖谷國士訳、筑摩書房

オーエンの工場経営の実態については、

- A. J. Robinson(1969), "Robert Owen and the Campbell Debt, 1810-1822", Business History, XI, pp. 23-30,
- A. J. Robertson(1971), "Robert Owen, cotton spinner: New Lanark, 1800-25", in S. Pollard, J. Salt, ed., Robert Owen, Prophet of the Poor: Essays in Honour of the Two Hundredth Anniversary of his Birth, Bucknell University Press, 1971.

マルクスとエンゲルスの著作は複数の邦訳がありますが、本書の引用は原則として引用ページは『マルクス＝エンゲルス全集』を示し、訳は

Marxists Internet Archive（URL：https://www.marxists.org/）等を参考として適宜修正しています。


- カール・マルクス、フリードリヒ・エンゲルス『マルクス=エンゲルス全集』1~21、ドイツ社会主義統一党中央委員会付属マルクス=レーニン主義研究所編、大内兵衛、細川嘉六監訳、大月書店、1959-1991年


『ゴータ綱領批判』については岩波文庫の望月清司訳には優れた注釈があり、理解に役立つでしょう。斎藤幸平氏の『人新世の「資本論」』の解釈と対照しながら読むと面白いと思います。


- 斎藤幸平（2020）『人新世の「資本論」』集英社新書
- カール・マルクス（1975）『ゴータ綱領批判』望月清司訳、岩波文庫
- K. Marx (1875), Kritik des Gothaer Programms, Marxist Internet Archive, URL: https://www.marxists.org/deutsch/archiv/marx-engels/1875/kritik/randglos.htm


レーニンの『国家と革命』第5章は「プロレタリアート独裁」の意味に関する古典的な解釈です。彼の解釈には時代遅れな点もありますが、民主主義的解釈よりも無理のない解釈です。


- ウラジーミル・レーニン（1957）『国家と革命』宇高基輔訳、岩波文庫


なお、サミュエルソンのマルクス評価は次の論文からです。


- P. A. Samuelson (1962), “Economists and the History of Ideas,” The American Economic Review, 52(1), 1-18.


社会主義者の反ユダヤ主義に関しては多くの著作がありますが、すでに挙げたミュラー（2018）のほか、たとえば次を参照してください。


- W I. Brustein and L. Roberts (2015), The Socialism of Fools?: Leftist Origins of Modern Anti-Semitism, Cambridge University Press.
- ポリアコフ（2005）『反ユダヤ主義の歴史』Ⅲ、筑摩書房

## ◆第６講：労働価値説から限界革命へ

ミルの労働価値説は完成しているという発言は、以下の本の第３巻冒頭にあります。

- J. S. Mill (1848), Principles of political economy with some of their applications to social philosophy, W.J. Ashley ed., Longmans, Green and Co., 1909, p.436（ミル『経済学原理（三）』末永茂喜訳、岩波文庫、1951年、19頁）

限界革命以前の限界主義者については次の本は有益です。

- エミール・カウダー（1979）『限界効用理論の歴史』斧田好雄訳、嵯峨野書院

## ◆第７講：新古典派経済学とは何か

限界革命の古典としては以下の著作が挙げられます。

- C. Menger (1871), Grundsätze der Volkswirtschaftslehre, Scientia Verlag, 1968, First published in 1871.（カール・メンガー『国民経済学原理』安井琢磨、八木紀一郎訳、日本経済評論社、1999年）
- W. S. Jevons (1871), The theory of political economy, 4th ed, Macmillan, 1911.（W. S. ジェヴォンズ『経済学の理論』小泉信三［ほか］訳、寺尾琢磨改訳、日本経済評論社、1981年）
- Léon Walras(1874), Éléments d'économie politique pure ou, Théorie de la richesse sociale, Paris, Economica,1988.（レオン・ワルラス『純粋経済学要論 社会的富の理論』久武雅夫訳、岩波書店、1983年）
- A. Marshall (1890), Principles of economics, Collected works of Alfred Marshall, vol.1,2, P. Groenewegen ed., Overstone,1997.（マーシャル『経済学原理』1～4、馬場啓之助訳、東洋経済新報社、1965年）

ヴェブレンのマーシャル批判は、

- T.B. Veblen(1900) "The preconceptions of economic science III," Quarterly Journal of Economics 14, 240–69.

マーシャルのケンブリッジ大学教授就任公演を含む論文集の翻訳は、

- アルフレッド・マーシャル（2014）『マーシャル クールヘッド&ウォームハート』伊藤宣広訳、ミネルヴァ書房

ピグーの『厚生経済学』の引用文は以下の邦訳から引用しました。

- A. C. Pigou (1920), The economics of welfare, 4th ed., Macmillan, 1952, First published in 1920.（A.C.ピグー『厚生経済学』Ⅰ、気賀健三［ほか］訳、東洋経済新報社、1953年、61頁）


## ◆第８講：1929年世界大恐慌の真実


貨幣と景気、物価の関係を明らかにし、FRBの政策ミスが大恐慌を深刻化させたことを明らかにした古典的著作として、

- M. Friedman and A. J. Schwartz (1963), A Monetary History of the United States, 1867–1960, Princeton: Princeton University Press for NBER（抄訳；ミルトン・フリードマン、アンナ・シュウォーツ『大収縮1929-1933：「米国金融史」第7章』久保恵美子訳、日経BP社、2009年）

米国経済の長期時系列データは次の資料が便利です。

- Balke, N., and R. J. Gordon (1986), "Appendix B: Historical Data," In R. J. Gordon, ed., The American Business Cycle: Continuity and Change, Chicago: University of Chicago Press, 781-850.

大恐慌期のミシシッピ州の地域ごとの金融政策の違いについては、

- G. Richardson and W. Troost (2009), "Monetary intervention mitigated banking panics during the great depression: quasi-experimental evidence from a federal reserve district border, 1929–1933," Journal of Political Economy, 117(6), 1031-1073.

現代のマクロ経済学者の大恐慌の理解として、

- B. S. Bernanke (2000), Essays on the great depression, Princeton:

Princeton University Press, 2000.（ベン・S・バーナンキ『大恐慌論』栗原潤、中村亨、三宅敦史訳、日本経済新聞出版社、2013年）

• 岩田規久男（2021）『資本主義経済の未来』夕日書房

日本の昭和恐慌に関する研究として、

• 岩田規久男編（2004）『昭和恐慌の研究』東洋経済新報社

## ◆第9講：ケインズ、計画経済、オーストリア学派

ソ連を知識人たちが礼賛していたことについては、多くの例がありますが、たとえば、以下がわかりやすいでしょう。

• ステファヌ・クルトワ、ニコラ・ヴェルト（2016）『共産主義黒書』〈ソ連篇〉、外川継男訳、筑摩書房

ソ連によるウクライナやカザフスタンでの飢饉と弾圧については、

• ノーマン・M・ネイマーク（2012）『スターリンのジェノサイド』根岸隆夫訳、みすず書房

大恐慌期の経済政策の論争を扱った本としてはすでに紹介した若田部（2013）のほか、以下の本をお勧めします。

• 竹森俊平（2007）『経済論戦は甦る』日本経済新聞出版社

• ニコラス・ワプショット（2016）『ケインズかハイエクか：資本主義を動かした世紀の対決』久保恵美子訳、新潮社

• F・A・ハイエク（2012）『ケインズとケンブリッジに対抗して』（ハイエク全集 第II期、別巻）、小峯敦、下平裕之訳、春秋社

昭和恐慌期の日本の経済論争に関しては岩田編（2004）を参照してください。レジーム間競争というユニークな視点で明治以降、戦時期までの日本経済史を分析した優れた研究に次のものがあります。

• 安達誠司（2006）『脱デフレの歴史分析「政策レジーム」転換でたどる近代日本』藤原書店

コラムで引用したサミュエルソンの言葉は、

• P. A. Samuelson (1946). “Lord Keynes and the General Theory.” Econometrica, 14(3).

フリードマンのオーストリア学派への評価は、

- M. Friedman (1972). "Comments on the Critics." Journal of Political Economy, 80(5), 906-950.

### ◆第10講：「ケインズ政策」の誤解と真実

ケインズの一般理論には複数の翻訳があります。

- J. M. Keynes (1936), The general theory of employment, interest and money, The collected writings of John Maynard Keynes, VII, London: Macmillan, 1973, First published in 1936.（J.M.ケインズ『雇用・利子および貨幣の一般理論』塩野谷祐一訳、東洋経済新報社、1995年、他邦訳多数）

非自発的失業に関するピグーの引用は、次の著書からです。

- A. C. Pigou (1914) Unemployment, London: P. S. King & Son.

「流動性の罠」という言葉を最初に使ったエッセイを含むロバートソンの著作集は次の本です。

- D.H. Robertson (1940), Essays in Monetary Theory, London: P. S. King.

通説的なケインズ革命の解釈を覆した古典的な研究として、

- A・レイヨンフーヴッド（1984）『ケインズ経済学を超えて』中山靖夫監訳、東洋経済新報社

### ◆第11講：オーストリア学派の真実

ミーゼスとハイエクの経済計算論争に関する著作は少し古いですが、以下にまとめられています。

- F・A・ハイエク編（1950）『集産主義計畫經濟の理論 社會主義の可能性に闘する批判的研究』迫間眞治郎訳、実業之日本社
- F・A・ハイエク（2008）『個人主義と経済秩序』嘉治元郎、嘉治佐代訳、春秋社

社会主義経済論争の意義をオーストリア学派の観点から分析した画期

的著作としてお勧めしたいのが次の本です。

- ドン・ラヴォア（1999）『社会主義経済計算論争再考 対抗と集権的計画編成』吉田靖彦訳、青山社

ハイエクの伝記としてお勧めしたいのが次の本です。

- ラニー・エーベンシュタイン（2012）『フリードリヒ・ハイエク』田総恵子訳、春秋社

シュンペーターの代表作の邦訳は、次の翻訳が入手しやすいでしょう。独自の解釈を示すマクロウの序文も優れています。

- ヨーゼフ・シュンペーター（2016）『資本主義、社会主義、民主主義』1、2、大野一訳、日経BP社

シュンペーターの企業家論の論文集として次の本もおすすめです。

- J・A・シュンペーター（1998）『企業家とは何か』清成忠男編訳、東洋経済新報社

### ◆第12講：ヒトラーの経済政策への誤解

ナチスの経済政策が破壊的なものだったことについては、

- アダム・トゥーズ（2019）『ナチス 破壊の経済1928-1945』山形浩生、森本正史訳、みすず書房
- R. J. Overy (1996), The Nazi economic recovery 1932-1938, New York : Cambridge University Press.

ナチスが高速道路の建設に最初は反対していたことについては、

- 小野清美『アウトバーンとナチズム』ミネルヴァ書房、119頁

ナチスの下で健康関連指標が悪化していたことについては、たとえば次の研究があります。

- J. Baten and A. Wagner (2003), “Autarchy, market disintegration, and health: the mortality and nutritional crisis in Nazi Germany, 1933–1937,” Economics & Human Biology, 1(1), 1-28.

「ロスチャイルド家 がナポレオン戦争でデマを流して儲けた」という話が悪質な反ユダヤ主義のプロパガンダであることについては、

• B. Cathcart (2015). The news from Waterloo: the race to tell Britain of Wellington's victory. Faber & Faber.


当時のドイツ共産党の反ユダヤ主義的レトリックについては、

• オシップ・フレヒトハイム（1972）『ヴァイマル共和国時代のドイツ共産党』足利末男訳、東邦出版社


ルート・フィッシャーの演説は以下から引用（フレヒトハイム［1972］にも一部引用があり）。

• O. Kistenmacher(2006), "From 'Judas' to 'Jewish Capital': Antisemitic Forms of Thought in the German Communist Party (KPD) in the Weimar Republic, 1918-1933," translated by Fred David Copley, English Version "Vom "Judas" zum "Judenkapital". Antisemitische Denkformen in der KPD der Weimarer Republik, 1919–1933," in Matthias Brosch/ a. o. (eds), Exklusive Solidarität. Linker Antisemitismus in Deutschland. Vom Idealismus zur Antiglobalisierungsbewegung, Berlin 2007, pp. 69-86.


ナチスの突撃隊の隊員の相当数が元ドイツ共産党員だったことについては、たとえば、

• T. S. Brown(2013), "The SA in the radical imagination of the long Weimar Republic," Central European History, 46(2), pp.238-274.


当時のドイツの統計データは、

• Deutsche Bundesbank(1976), Deutsches Geld- und Bankwesen in Zahlen, 1876-1975, Knapp.


東ドイツでの反ユダヤ主義、ナチズムとの連続性については、

• ベルント・ジーグラー（1992）『いま、なぜネオナチか？：旧東ドイツの右翼ラジカリズムを中心に』有賀健, 岡田浩平訳,三元社


ソ連の反ユダヤ主義については、

• オレグ・エゴロフ(2019)「ユダヤ人にとってのソ連：なぜ「約束の地」ではなかったか」Russia Beyond, 2019年11月27日

### ◆第13講：20世紀最大の経済学者フリードマン

『資本主義と自由』と『選択の自由』は、経済学に関心を持つなら一度は読んでおきたいフリードマンの著作です。

- M. Friedman (1962), Capitalism and freedom, Chicago: University of Chicago Press.（ミルトン・フリードマン『資本主義と自由』村井章子訳、日経BP社、2008年）
- M. Friedman, and R. D. Friedman (1980), Free to choose: a personal statement, New York: Harcourt Brace Jovanovich, 1980.（ミルトン・フリードマン、ローズ・フリードマン『選択の自由 自立社会への挑戦』西山千明訳、日本経済新聞社、1980年、文庫版、2002年、新装版、2012年）

フリードマンの伝記としては次の本がおすすめです。

- ラニー・エーベンシュタイン（2008）『最強の経済学者ミルトン・フリードマン』大野一訳、日経BP社

フリードマンは日本経済にも強い関心を持っていましたが、拙著はフリードマンの日本経済への提言を論じています。

- 柿埜真吾（2019）『ミルトン・フリードマンの日本経済論』PHP新書

フリードマンにまつわる陰謀論めいた議論への解毒剤としてお勧めしたいのが次の本です。

- 田中秀臣（2008）『不謹慎な経済学』講談社、第10章
- J. Norberg(2008), "The Klein Doctrine," CATO Briefing Paper, (102).

### ◆第14講：ケインズ政策の限界と転換

次の研究はケインジアンとマネタリストの論争に関する研究として特に有益です。

- 若田部昌澄（2009）『危機の経済政策 なぜ起きたのか、何を学ぶのか』日本評論社
- E. Nelson(2005), "The Great Inflation of the seventies: what really

happened?," Topics in Macroeconomics, 5(1), 20121003.

- E. Nelson and A. J. Schwartz(2008), "The impact of Milton Friedman on modern monetary economics: Setting the record straight on Paul Krugman's 'Who was Milton Friedman?'". Journal of Monetary Economics, 55(4), 835-856.

新古典派総合を唱えたケインジアンのリーダー、サミュエルソンとミルトン・フリードマンの対決を描いたワプショット（2023）はややサミュエルソンに点が甘すぎますが、興味深い伝記です。邦訳には若田部昌澄早稲田大学教授による優れた解説があります。

- ニコラス・ワプショット（2023）『サミュエルソンかフリードマンか：経済の自由をめぐる相克』藤井清美訳、早川書房

日本の貨幣や物価のデータは、

- 朝倉孝吉、西山千明（1974）『日本経済の貨幣的分析 1868-1970』創文社
- 深尾京司、中村尚史、中林真幸編（2017〜2018）『講座日本経済の歴史』3〜5巻、岩波書店

## ◆第15講：３つのケインジアンとMMTの違い

ケインズ主義の可能性を評価する優れた著作として次のものがあります。様々なケインズ主義の進化の歴史を展望しています。

- 野口旭（2015）『世界は危機を克服する: ケインズ主義2.0』東洋経済新報社

ポストケインジアンの思想に対する批判的解説としては、やや古いですが、次の本が優れています。

- マーク・ブローグ（1977）『ケンブリッジ革命』福岡正夫、松浦保訳、東洋経済新報社

ニューケインジアンの経済学がニューマネタリスト経済学ともいえるという指摘は以下の本からです。

- N. G. Mankiw and D. Romer (1991), New Keynesian Economics, vol.1, Cambridge, Mass. : MIT Press, p.3.

MMTの支持者による著書としては、たとえば次の本があります。

• ステファニー・ケルトン（2021）『財政赤字の神話　MMT入門』土方奈美訳、早川書房

ケインジアンの立場からの最近の経済学説史の解説とMMTへの徹底的な批判の決定版としてお勧めしたいのが次の本です。

• 野口旭（2021）『反緊縮の経済学』東洋経済新報社

ニューケインジアンのマンキューによるMMT批判として、

• N. G. Mankiw, (2020), "A skeptic's guide to modern monetary theory. In AEA Papers and Proceedings," AEA Papers and Proceedings. Vol. 110. 2014 Broadway, Suite 305, Nashville, TN 37203: American Economic Association, 2020.

ポストケインジアンからのMMT批判は次のものが有益です。

• T. I. Palley (2019), What's wrong with Modern Money Theory (MMT): a critical primer. No. 44. FMM Working paper.

### ◆第16講：現代の経済学のコンセンサス

ミルトン・フリードマン以降の経済思想の流れについてはすでに紹介した野口（2016, 2021）に加えて、以下の本が参考になります。

• M. De Vroey (2016), A history of macroeconomics from Keynes to Lucas and beyond, Cambridge University Press.

DSGEモデルをはじめとする上級マクロ経済学の標準的な解説は、

• D. Romer (2019), Advanced Macroeconomics, 5thed, McGraw-Hill College.

バイデン大統領が事実上MMTを採用したというケルトンの主張は次のインタビューにあります。

• R. Huebscher(2021), "Stephanie Kelton: Biden Has Adopted MMT,"Advisor Perspectives, June 4, 2021.

[著者略歴]

**柿埜真吾（かきの・しんご）**

1987 年生まれ。経済学者、思想史家。2010 年、学習院大学文学部哲学科卒業。
2012 年、学習院大学大学院経済学研究科修士課程修了。
2013 ～ 2014 年、立教大学兼任講師。
2020 年より高崎経済大学非常勤講師。
著書に『自由と成長の経済学～「人新世」と「脱成長コミュニズム」の罠 』『ミルトン・フリードマンの日本経済論』（以上、PHP 新書）、『自由な社会をつくる経済学』（岩田規久男氏との共著、読書人）など。

テンミニッツ TV 講義録① **本当に役立つ経済学全史**

---

2023 年 11 月 1 日　第 1 刷発行

著　者　柿埜真吾

発行所　イマジニア株式会社
〒 163-0715　東京都新宿区西新宿 2-7-1 新宿第一生命ビルディング 15 階
電話　03(3343)8847
https://www.imagineer.co.jp/

発売所　株式会社ビジネス社
〒 162-0805　東京都新宿区矢来町 114 番地 神楽坂高橋ビル 5 階
電話　03(5227)1602　FAX　03(5227)1603
https://www.business-sha.co.jp/

〈装　　幀〉大谷昌稔

〈本文組版〉有限会社メディアネット

〈印刷·製本〉株式会社ディグ

〈営業担当〉ビジネス社：山口健志

〈編集担当〉イマジニア：川上達史

---


ISBN 978-4-8284-2569-6

本書の「内容」に関するお問い合わせはイマジニアまでお願いします。
support@10mtv.jp

本書の「販売」に関するお問い合わせはビジネス社までお願いします。

## テンミニッツTV　柿埜真吾先生の講義

※2023年10月現在

### クライン『ショック・ドクトリン』の真実（全4話）

◆ショック・ドクトリンとは何か、◆曲解された「ショック療法」、◆天安門事件と独裁者とクラインの矛盾、◆経済的自由なしに民主主義はあり得ない

### 日本人が知らない自由主義の歴史～後編（全13話）

◆ニューリベラリズムへの異議、◆社会主義計画経済への批判、◆ネオリベラリズムの登場と誤解、◆戦後復興と「ネオリベラリズム」、◆「リバタリアニズム」の登場、◆ロールズ『正義論』、◆「リバタニアニズム」の多様な潮流、◆ハイエクの『隷従への道』、◆ミルトン・フリードマンの主張、◆フリードマンが考える福祉政策、◆ノージックの「最小国家論」、◆「新自由主義」「新保守主義」が差すものとは、◆「自由な社会」を守るために必要なこと

### 日本人が知らない自由主義の歴史～前編（全7話）

◆そもそも「自由主義」とは何か、◆「自由主義」の誕生、◆アダム・スミスの『国富論』、◆ベンサムの功利主義とミルの自由論、◆ニューリベラリズムの台頭、◆日本とアメリカのニューリベラリズム、◆現代リベラリズム

### 本当によくわかる経済学史（全16話）